O EVANGELHO

DE

# COCO CHANEL

Karen Karbo

O EVANGELHO

DE

COCO

CHANEL

LIÇÕES DE VIDA

DA MULHER

MAIS ELEGANTE

DO MUNDO

ILUSTRAÇÕES DE CHESLEY MCLAREN

Tradução: Cristina Cupertino

SEOMAN

Título original: *The Gospel According to Coco Chanel.*

Copyright © 2009 Karen Karbo.
Copyright das ilustrações © 2009 Morris Book Publishing.
Copyright da edição brasileira © 2010 Editora Pensamento-Cultrix Ltda.

10ª reimpressão 2024.

Tradução autorizada mediante acordo com Morris Publishing Group.
Publicado mediante acordo com Skirt! Books, uma divisão da The Globe Pequot Press, Guilford, CT 06437, USA.

Todos os direitos reservados. Nenhuma parte desta obra pode ser reproduzida ou usada de qualquer forma ou por qualquer meio, eletrônico ou mecânico, inclusive fotocópias, gravações ou sistema de armazenamento em banco de dados, sem permissão por escrito, exceto nos casos de trechos curtos citados em resenhas críticas ou artigos de revistas.

A Editora Seoman não se responsabiliza por eventuais mudanças ocorridas nos endereços convencionais ou eletrônicos citados neste livro.

**Coordenação editorial:** Manoel Lauand
**Editoração eletrônica:** Estúdio Sambaqui

Dados Internacionais de Catalogação na Publicação (CIP)
(Câmara Brasileira do Livro, SP, Brasil)

Karbo, Karen
   O evangelho de Coco Chanel : lições da mulher mais elegante do mundo / Karen Karbo ; tradução de Cristina Cupertino ; ilustrações de Chesley McLaren. -- São Paulo : Seoman, 2010.
   ISBN 978-85-98903-14-9

1. Chanel, Coco, 1883-1971 2. Moda - França 3. Vestuário I. McLaren, Chesley. II. Título.

09-11448                                         CDD-746.92092

Índices para catálogo sistemático:
1. Estilistas de moda : Vida e obra   746.92092

Seoman é um selo editorial da Pensamento-Cultrix.

Direitos de tradução para o Brasil
adquiridos com exclusividade pela
EDITORA PENSAMENTO-CULTRIX LTDA.
R. Dr. Mário Vicente, 368 — 04270-000 — São Paulo, SP
Fone: (11) 2066-9000
E-mail: atendimento@editoraseoman.com.br
http://www.editoraseoman.com.br
que se reserva a propriedade literária desta tradução.
Foi feito o depósito legal.

Para Danna

*Onde ela está, é chique*

e

À memória de minha avó,

Emilia Burzanski Karbowski, também conhecida como Luna da Califórnia

Gabrielle Chanel, conhecida como Coco (1883-1971), a mais importante estilista francesa, na Rue du Faubourg Saint Honoré, em Paris. Foto de Sasha/Getty Images.

# SUMÁRIO

1. Sobre estilo ............................................................. 09

2. Sobre autoinvenção .............................................. 31

3. Sobre audácia ....................................................... 47

4. Sobre sobreviver à paixão .................................... 63

5. Sobre abraçar o momento .................................... 81

6. Sobre sucesso ....................................................... 95

7. Sobre cultivar arquirrivais ................................... 111

8. Sobre dinheiro ..................................................... 131

9. Sobre feminilidade .............................................. 151

10. Sobre tempo ...................................................... 169

11. Sobre viver a vida segundo seus próprios padrões ..... 185

12. Sobre elegância: O evangelho de Coco Chanel ..... 209

Agradecimentos ...................................................... 214

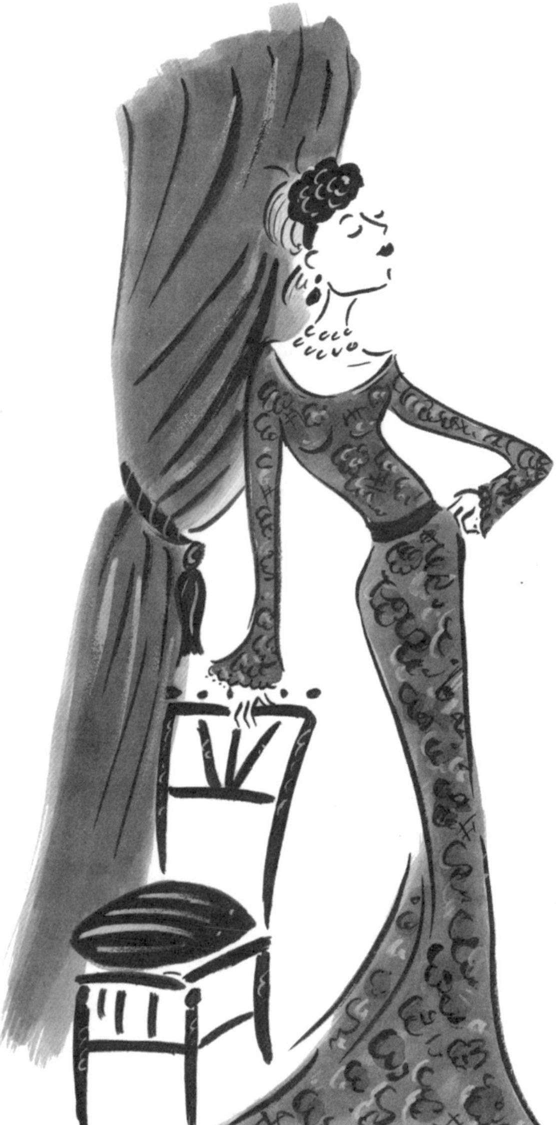

# 1

# SOBRE ESTILO

*"Uma mulher precisa ser duas coisas: chique e fabulosa."*

Uma foto antiga de Gabrielle Chanel mostra-a num parque de Vichy, na França. Gabrielle está com 23 anos, ao lado de sua tia predileta, Adrienne, poucos anos mais velha. Digo com prazer que aquela que Giorgio Armani afirmava ser "a mulher mais elegante que jamais existiu" não era de uma beleza clássica. Gabrielle — ela ainda não era conhecida como Coco — tinha uma vasta cabeleira preta, olhos negros e boca rasgada. Ela era o tipo de garota que convence a colega de escola a romper as normas junto com ela e depois a deixa levar toda a culpa. Tanto a escritora Colette quanto Diana Vreeland (redatora da *Harper's Bazaar* e da *Vogue*) achavam que ela parecia um touro. Talvez naquela época os touros, como os guarda-roupas e as porções de comida, fossem bem menores; Chanel era alegre, flexível, ágil. Vreeland, rememorando-a aos 50 anos, disse: "Sua pele era morena, o rosto largo, com um nariz resfolegante, tal qual um tourinho, e bochechas de um profundo vermelho Dubonnet".

Mas essa foto deixa bem claro que Coco não era linda. As duas jovens ocupam o lado esquerdo da imagem. Um homem com postura deselegante, usando um chapéu-coco, atravessa o caminho atrás delas. A foto é deliciosa. Já se podem ver as primeiras instigações do icônico estilo Chanel. Adrienne — mais bonita, com uma beleza clássica — usa a típica indumentária de passeio da época: túnica trespassada sobre uma saia ampla e longa, com a blusa por cima do cinto escondido por um amontoado de tecido excedente, um tipo de blusa de gola alta com abotoamento apertado no pescoço e um daqueles infames chapéus *fin de siècle*, que parecia uma travessa de bolo. Parece que as roupas não têm relação com o seu corpo; não exprimem nada além da moda da época. Gabrielle, por sua vez, parece fresca e quase libertina. Sua saia é mais justa, evasê, na altura do tornozelo. O blazer que faz conjunto desce até os quadris, tem a lapela recortada e é ligeiramente acinturado. A blusa é simples, o cinto é largo; o chapéu de palha é do tipo gondoleiro e tem um dos lados preso, como um Mosqueteiro. Ao redor do pescoço, babados que feminizam o conjunto de linhas simplificadas. Sua roupa dá uma impressão de caimento perfeito, com as proporções certas.

É inevitável pensar que o gosto de Chanel deve ter sido hereditário, que ela descobriu quando muito jovem o que lhe ficava bem e nunca perdeu a crença nisso, como alguns de nós fazemos. Nunca aconteceu de um belo dia ela acordar farta dos seus casaquinhos de corte impecável e das pérolas e pensar: "O que eu preciso mesmo é de um chapéu com forma de sapato e de um sári de raiom vermelho debruado com minúsculas lantejoulas douradas". As épocas avançavam e mudavam, mas por décadas Chanel simplesmente aprimorou seu gosto pessoal, o que sabia que lhe caía bem e o que achava confortável e prático. O mínimo que se pode dizer é que ela era totalmente imune a compras por impulso, e essa já é razão suficiente para a saudarmos.

É impossível resistir a uma análise mais profunda da foto: nela Adrienne está observando Gabrielle, ao passo que Gabrielle olha diretamente para o fotógrafo, ou seja, para o mundo.

✹ ✹ ✹

SOBRE ESTILO

Durante quase cem anos Coco Chanel tem sido sinônimo de qualquer tipo de roupa que consideremos elegante — e que envolve muita coisa sobre a qual nunca pensamos. Abra a porta do seu guarda-roupa e você encontrará o espírito de Chanel. Se você tem uma coleção de casaquinhos para vestir junto com seu jeans — a melhor forma de mostrar que você realmente se vestiu para a ocasião, em vez de simplesmente pegar uma roupa qualquer, lixar as unhas e sair de casa — isso é Chanel. Qualquer vestido preto é um descendente direto do modelo curto de seda que Chanel criou em 1926. Uma saia justa ou evasê logo acima do joelho? Chanel. Qualquer coisa de jérsei? Mais uma vez Chanel.

Ela nos deu bolsos de verdade, a calça boca-de-sino, o *twin set*, a cintura baixa, o casaquinho com cinto, o vestido curto para a noite, a roupa esportiva — inclusive calças de montaria — e a necessidade de uma profusão de acessórios em todas as ocasiões. Qualquer coisa que tenha linhas simples, deslize pelo corpo, seja fácil de vestir e permita o uso de muitas joias ou semijoias é Chanel.

E o mesmo se pode dizer de qualquer coisa em que a beleza exceda a originalidade. Chanel corria das últimas modas como o diabo da cruz. Achava-as expressões de exibições inferiores, e de qualquer modo elas raramente atendiam aos seus padrões de elegância simples. Assim, ponchos, calças fusô ou vestidos frente-única que mostram a nossa calcinha, definitivamente não são Chanel. Se no seu guarda-roupa existe qualquer coisa que tem dragonas (e você não está nas forças armadas), uma quantidade de tecido desnecessária nas roupas, mangas desconjuntadas ou ombreiras enormes, isso não é Chanel. Qualquer coisa ligada ao renascimento do *grunge*, com calças rasgadas que a fazem parecer vítima de uma agressão? Ah, não é Chanel.

Qualquer roupa dentro da qual não se consegue respirar, sentar ou entrar no carro sem mostrar as partes íntimas — bem, eu nem preciso dizer. Quando Chanel observou que "nem todas as mulheres têm o corpo de Vênus[1] e no entanto nada deve ser escondido", *não* era disso que ela estava falando. (Esclarecendo: ela queria dizer que as camisetas compridas e largas que reservamos para nossas "fases gordinhas" nos tornam ainda mais gordas.)

A estética de Chanel é como a força em *Guerra nas Estrelas*, envolvendo, penetrando e ligando o universo da moda, agora e para sempre. Enquanto escrevo isso estou usando um jeans masculino da J. Crew — embora seja largo nos quadris, com pernas retas e braguilha abotoada, ele normalmente é projetado para não ficarmos parecendo uma caixa de ferramentas — e uma blusa de caxemira marrom de mangas compridas. As duas peças descendem diretamente das ideias outrora escandalosas de Chanel, segundo a qual, com uma pitada de imaginação, as roupas masculinas são facilmente adaptadas para as mulheres e os tecidos leves, que marcam o corpo (alguns dos quais eram usados para a roupa íntima), podiam fazer uma peça de roupa simplérrima parecer um *luxo*.

Quando entramos no campo das roupas produzidas pela própria Maison Chanel, as coisas se complicam. Acredito que tudo o que foi desenhado pela própria Coco, desde o seu primeiro chapéu de palha, no início do século passado, até o último casaco da sua última coleção, em 1970, é Chanel-Chanel. Todas as peças produzidas a partir de 1983, quando o temível Karl Lagerfeld assumiu e revitalizou a casa de moda, são Lagerfeld-Chanel[2]. Além disso, há imitações de ótima qualidade que passam por Chanel-Chanel (ainda se discute acaloradamente se o conjunto cor-de-rosa que Jackie Kennedy usava no dia do assassinato de seu marido era um Chanel legítimo ou uma

---

1 Na verdade muitas de nós temos; o que não temos é a economia de seios e quadris do corpo de Chanel.
2 Entre 1971 e 1983 a Maison vagou no deserto. Gaston Berthelot fez os figurinos de 1971 a 1973; Jean Cazaubon e Yvonne Dudel encarregaram-se deles a partir de então; Phillippe Guibourgé fez uma coleção de pronta entrega em 1978; e alguém chamado Ramone Esparza ocupou o posto em 1980.

SOBRE ESTILO

cópia feita às pressas por um costureiro novaiorquino) e imitações das coleções semestrais de Lagerfeld, que quase sempre fazem uma leitura superficial dos conjuntos femininos de *Mademoiselle*, correntes douradas, bolsas acolchoadas e os icônicos "Cs" entrelaçados. Há também cópias para o mercado popular das imitações feitas para os ricos. Especialistas em alta costura e alguns blogueiros passam um número assombroso de horas classificando tudo.

Eis aqui a minha tentativa de organizar as coisas.

❊ ❊ ❊

## Chanel Clássico

É Chanel na sua forma pura, concentrada, do início até meados do século XX. Não é apenas moda da forma como Coco a desenhava; compõe-se apenas das indumentárias feitas com os seus próprios dedos manchados de nicotina. (Ela fumava um cigarro atrás do outro. Desafio você a encontrar uma foto em que ela esteja trabalhando sem ter um cigarro entre os lábios.)

Chanel Clássico é o icônico *tailleur* Chanel de tweed com trama frouxa (provavelmente em bege, azul marinho ou preto, as cores preferidas de Coco), com forro de seda acolchoada, botões dourados e saia simples com comprimento logo abaixo do joelho. São as falsas joias, grandes e volumosas, os colares de correntes, e as bolsas quadradas de matelassê, tão clássicas que uma ilustração de uma delas poderia ser usada como símbolo internacional de bolsa. É o já citado vestido preto de crepe-da-china ou de renda. Os chapéus também fazem parte do estilo Chanel Clássico; e os *escarpins* em bege e preto, com um salto confortável e moderado, tão longe dos sapatos Manolo Blahnik de *Sex in the City* quanto um Rolls Royce preto está distante de um Corvette amarelo. São os longos colares de pérolas, sempre parecendo implicar um risco de estrangulamento, e as camélias.

O Chanel Clássico é o Chanel colecionável (e, portanto, o primo rico das caixinhas de louça, das bonecas Barbie e das histórias em quadrinhos). É o Chanel investimento. É vender no e-Bay e outros sites de leilão para pagar as despesas com a faculdade do filho. As pessoas têm coleções particulares de Chanel Clássicos do mesmo modo como colecionam quadros e esculturas. Ele tem menos a ver com as roupas do que com o *design* icônico. Sendo que "icônico" é a palavra mais gasta no cânone de Chanel.

Não são muitas as mulheres que têm a combinação certa de tempo, dedicação, dinheiro e transtorno obsessivo-compulsivo para se vestirem diariamente da cabeça aos pés conforme o estilo Chanel Clássico, mas aquelas que fazem isso estão sempre chiques, embora sejam um pouco doidinhas. Numa crítica recente ao filme *Lifetime Channel* sobre Coco, com Shirley MacLaine, o crítico do *New York Times* disse: "Ela nunca foi esposa, mas fez as mulheres do mundo parecerem esposas".

❋ ❋ ❋

## Tributo a Chanel

De acordo com Dana Thomas, em *Deluxe: como o luxo perdeu seu brilho*, apenas duzentas mulheres no mundo mantêm guarda-roupas com alta costura feita sob medida (na década de 1950 elas eram 200 mil). O restante das mulheres ricas e bem vestidas compra *prêt-à-porter* de grifes, que pode significar um gasto anual de seis dígitos, apesar dos modelos não serem exclusivos.

Hoje, Chanel é a grife Chanel. É Karl Lagerfeld expandindo-se a partir do prestígio e da história das realizações de Coco. Lagerfeld, o ocupado. Desde que se tornou diretor de arte da Maison Chanel, ele também criou a sua própria marca; fez criações para a Fendi, Chloé e

## SOBRE ESTILO

recentemente para a H&M; criou as suas próprias campanhas publicitárias (que ele também fotografou); fez figurinos para óperas; abriu uma livraria, depois uma editora; e depois perdeu cerca de 50 quilos e expôs sua dieta num livro que virou *best-seller*.

O Chanel de Lagerfeld é a essência de Chanel passada pela peneira da sua própria (e reconhecidamente atraente) visão "*Eurotrash* de luxo". Os modelos práticos de Chanel saltavam da realidade mutável da sua própria vida e da vida das mulheres que a rodeavam, e os de Lagerfeld saltam da grife que é Chanel misturada com qualquer outra coisa que esteja na moda e tenha o espírito da época. Às vezes seus modelos são práticos e às vezes não são, mas se poderia dizer que cada coleção é como a versão do costureiro para uma sugestão de redação apresentada a um aluno da sétima série: para a primavera, crie uma coleção inspirada no *hip hop* que incorpore matelassê, casaquinhos e sapatos de dois tons.

Assim, ao longo dos anos, Lagerfeld-Chanel apresentou um bustiê e, como colar, uma lâmpada pendurada numa corrente de ouro grossa; uma cueca branca justa com um par bordado de Cs pretos entrelaçados (tributo a Chanel com o uso do jérsei em sua concepção original — até então julgado próprio apenas para roupa de baixo); roupas acolchoadas para ciclistas, inclusive sapatos de ciclista decorados com Cs dourados entrelaçados; e um vestido preto ornado com correntes de prata entrelaçadas.

Tudo é referência, sobretudo o chapéu projetado a partir da bolsa de couro preto acolchoada, que tem até a corrente dourada balançando sobre uma sobrancelha! A *unkle boot* metálica feita de couro de cordeiro com uma abertura frontal, da coleção *prêt-à-porter* da primavera-verão de 2008, apresentada junto com um biquíni de brim, me fez parar para refletir que moda praia nunca foi o forte de Chanel, e parece que Lagerfeld não é diferente.

Muito do que Lagerfeld produz insulta a devoção quase religiosa de Chanel à simplicidade. Quem é que, em algum lugar do mundo, precisa de uma bolsa de tornozelo de matelassê ou de um chapéu-gaiola que cobre o rosto e tem plumas negras? (Criado pelo desenhista de chapéus da Chanel, faz parte da onda de sadomasoquismo de meados da década de 1990 que Lagerfeld estava levando adiante.) Mas Karl não é bobo. O chapéu-gaiola que cobre o rosto deu muito o que falar, ao passo que as variações sobre o lindo conjunto de *tweed* lhe granjearam clientes. A coleção de *prêt-à-porter* do outono-inverno de 2009 está cheia de conjuntos com cinto, comprimento na altura do joelho, blazers mais longos e ajustados e sapatos de duas cores que parecem de sapateadores. Eu não pensaria num modo melhor de gastar o salário de um ano.

❄ ❄ ❄

## Chanel Alternativo

Chanel foi, antes de mais nada, uma realista, e tudo o que se relaciona com o estilo Chanel é realista. Chanel nunca deixou de perceber o valor das coisas. Uma das razões pelas quais ela começou a usar jérsei foi que esse tecido era barato. Por volta de 1916, Chanel comprou todo o estoque disponível de jérsei manufaturado do industrial têxtil Jean Rodier, rapidamente preparou com ele uma das suas famosas túnicas que deslizam pelo corpo, e o jérsei passou a ser chique. Então ela cobrou uma fortuna pelas túnicas.

No espírito de Chanel, o Chanel Alternativo adota a realidade de que para se vestir inteiramente com Chanel seria preciso que você fosse uma famosa estrela de Hollywood desfilando pelo tapete vermelho, uma princesa árabe, a herdeira de um império de telefonia mexicano ou a mulher de um ricaço mais rico que a média dos ricaços — ou seja, alguém cuja renda está no um por cento mais alto do um por cento mais rico do mundo, isto é, alguém mais rica do que você e eu. Chanel Alternativo é para as elegantes como nós, que não temos dinheiro para jogar fora.

O fator básico no uso do que é Chanel Alternativo é a insolência. Há uma grande chance de que mesmo se tivesse todo o dinheiro do mundo você ainda assim preferiria a despreocupação, a *ironia* implicada no uso de um clássico casaquinho Chanel de tweed sobre um jeans e uma camiseta branca da Gap ou, como fez recentemente uma amiga, na combinação de uma saia cigana, tênis vermelho desbotado de cano alto e uma bolsa Chanel preta de matelassê. O estilo Chanel Alternativo comunica ao mundo que você está *ligada* em Chanel mas não é *escrava* de Chanel. Ele diz: "Chanel era iconoclasta; eu também sou".

❋ ❋ ❋

Parece justo, antes de avançarmos muito, ressaltar que não obstante se atribua a Chanel a invenção da roda da moda moderna, outros estilistas da época também estavam tirando das mulheres os espartilhos-ampulheta e vestindo-as com roupas que em vez de fazê-las parecerem a proa de um navio (que na Belle Époque se considerava o máximo da beleza feminina), as aproximavam mais da aparência de um ser humano.

Paul Poiret, apelidado de *Le Magnifique*, tornou o mundo seguro para Chanel. Ele preparou o caminho para a sua revolução. Poiret foi seu número de abertura, o artista que faz sua apresentação antes da atração principal e deixa as pessoas dispostas a rir. Em 1903, Poiret, filho de um comerciante de tecidos de Les Halles, abriu a sua própria casa, onde escandalizou a sociedade parisiense ao apresentar um casaco comprido que parecia um quimono. Ele inventou a vitrine decorada e dava festas colossais, escandalosas, para chamar atenção sobre si. Foi Poiret, e *não* Chanel, que libertou as mulheres dos espartilhos (e depois, perversamente, voltou a escravizá-las numa saia larga nos quadris e tão estreita nos tornozelos que as mulheres precisavam ser erguidas e postas nas carruagens).

Poiret criou o primeiro modelo de calças femininas, mas eram pantalonas de harém e exigiam que a mulher se vestisse como turca. Criou também a túnica em forma de cúpula de abajur (será que alguma mulher, seja daquela época ou da atual, quer realmente parecer uma coisa identificada de algum modo com a decoração de interiores?). Sua criatividade não se limitou à moda; ele trabalhou como decorador, introduzindo o bar com pia e água corrente e a banheira fixa com alvenaria, inovações que até hoje encantam os americanos. Em 1910, anos antes de Coco ter a ideia do Chanel Nº5, Poiret criou o seu próprio perfume, o Coupe d´Or.

Poiret não era fã de Chanel. Muito antes de Elsa Schiaparelli aparecer, ele era o principal concorrente de Coco. Acusou-a de fazer uma moda que era apenas pobreza de luxo, de transformar todas as mulheres em nada mais que esqueléticas funcionárias do telégrafo. Antes de desaparecer eclipsado por Chanel, Poiret disse sobre ela: "Devíamos ter nos defendido dessa cabeça infantil. Ela iria nos dar todos os tipos de choque e tirar do seu chapeuzinho mágico vestidos, penteados, suéteres, joias e butiques".

Deixando de lado o fato de que Poiret aparentemente não podia sair do seu próprio caminho, Chanel tinha outra vantagem incontestável: era mulher, criando para mulheres, e não receava ser a sua própria modelo. (Madeleine Vionnet, contemporânea de Chanel, a quem normalmente se atribuía a invenção do corte enviesado, horrorizava-se com a ideia de tanta autopromoção.) Chanel usava as roupas que criava para a vida que ela vivia. Ela disse: "Eu não faço moda, eu sou a moda". Poiret, infelizmente, fazia moda. E depois que Chanel entrou em cena, grande parte da sua moda não servia mais.

❋ ❋ ❋

## SOBRE ESTILO

Coco Chanel começou com chapéus. Tinha talento para saber exatamente o que fazer com uma única pluma ou uma flor de seda. Seu primeiro estabelecimento foi no Boulevard Malesherbes, no apartamento parisiense do seu primeiro amante, Étienne Balsan, um aristocrata tímido, criador de puros-sangues apaixonado por seus animais e transgressor de convenções. A família de Balsan tinha enriquecido com tecidos. Seu irmão mais novo, Jacques, casou-se com uma Vanderbilt (Consuelo, ex-duquesa de Marlborough), mas Étienne gostava de contrariar as normas. Gostava de cortesãs errantes mais velhas, de olhos negros e com nada a oferecer além de coragem.

Balsan viu Chanel cantar num *caf´conc*[3] de Vichy. Ou conheceu-a numa festa em que eles discutiram cavalos e destino. Ou a conheceu quando levou suas calças para serem ajustadas no pequeno estabelecimento onde ela trabalhava para ganhar a vida. Os relatos divergem. Com Chanel os relatos sempre divergem, em parte porque ela era mestre na desinformação, o que é um modo gentil de dizer que ela mentia compulsivamente sobre seu passado, depois mentia sobre ter mentido, e depois negava a mentira sobre a mentira. Nos últimos anos de sua vida ela contratou e demitiu muitos escritores para redigir suas memórias, dizendo coisas diferentes a cada um deles, de acordo com a sua disposição no momento. E ela sempre mentia sobre a sua idade. Durante a primeira parte da vida ela parecia e afirmava ter pelo menos dez anos menos que a sua idade real, depois, já com mais de 50, começou a dizer às pessoas que tinha 100 anos. O que surgiu no lugar de fatos verificáveis é Chanelore (a doutrina de Chanel), uma combinação de verdade, embelezamento, mentiras e lenda.

Quando Chanel conheceu Balsan ela estava talvez com 22 anos e trabalhava ora aqui ora ali em Vichy — o parque de diversões de Napoleão III e de outras celebridades do século XIX, conhecida pe-

---

[3] Abreviação de "café concert", peça fundamental da vida da Belle Époque, local onde artistas faziam apresentações de canções populares da época e números.

las suas águas termais e pelos belos jardins — esperando tornar-se cantora. Era uma aspiração totalmente compreensível e medíocre, a versão do início do século XIX do sonho atual de vencer um concurso de televisão como o *American Idol*, que garante fama imediata ao calouro vencedor.

Um *caf'conc* típico apresentava um comediante, um barítono ou dois e umas poucas mulheres *sexy* que cantavam provocantemente pelo palco pequeno, competindo com comensais ruidosos, garçons apressados e a interminável interrupção de tipos que ofereciam mercadorias aos clientes. Cantar num *caf'conc* não exigia nenhum preparo especial além da capacidade de berrar as músicas populares da época e do carisma para convencer os clientes a ficarem mais um pouco e gastar mais dinheiro. Tornar-se a estrela do *caf'conc* garantia uma boa renda e talvez posar para Toulouse-Lautrec sentada de pernas abertas numa cadeira, as meias pretas caídas em volta dos tornozelos e o cabelo preso num coque desleixado.

Embora Chanel não tivesse experiência e nenhum indício de talento para cantar ou representar, ela conseguiu ser aprovada nos testes dos melhores *caf'concs* da cidade. Sua segurança levou-a apenas até aí. Provavelmente pela última vez na sua longa vida, ela não impressionou. Era bonitinha mas não se revelou grande coisa. Cantava como uma rã com laringite e não chegou nunca a conseguir o deslizar furtivo exigido. Acabou sendo contratada como *gommeuse* — mulher bonita, com mais presença do que voz, que usava roupas ousadas e vistosas e gorjeava uma ou duas músicas para justificar a sua presença.

Chanel já devia saber que seu futuro não estava no *showbiz*, porque quando Balsan a convidou para ir para Royallieu, o castelo de sua propriedade onde ele criava os seus puros-sangues, ela respondeu: "*Pourquoi pas?*" Por que não? Ela foi instalada ali como amante de Balsan, a segunda em importância. A primeira era a cortesã de categoria internacional Emilienne d'Alençon, que também morava em

Royallieu. Antes de se tornar uma semimundana, d'Alençon teve uma curtíssima carreira no circo, onde, mal e porcamente vestida de palhaço, apresentava-se com coelhos adestrados. Um duque francês rico mandou flores para o seu camarim e então ela passou de uma existência pobre num quarto sem aquecimento diretamente para um bairro elegante de Paris, com mesada para manter seu guarda-roupa e uma carruagem particular. Ela era linda, ambiciosa e sem escrúpulos. Chanel gostou imensamente dela, mas mesmo pelos padrões franceses o arranjo era muito estranho.

Chanel passava a maior parte dos seus dias nos estábulos, na companhia dos adestradores de cavalos e dos cavalariços. Ela adorava os puros-sangues de Balsan mas não tinha queda para o estilo submisso que geralmente era adotado pelas amantes dos homens ricos. Parece que o seu principal trabalho era divertir os companheiros de Balsan com a sua extrema juventude (perto de d'Alençon, grande e corada ao estilo Mae West, Chanel parecia um moleque desnutrido), suas respostas insolentes e sua capacidade de pular no lombo de um garanhão de dois anos que ainda estava sendo amansado e galopar pela floresta.

Para agradá-la, Balsan instalou Chanel e seu negócio de chapéus no apartamento parisiense que ele pouco usava. Como a maioria das pessoas nascidas ricas, ele se encantava com o desejo de sua *petite amie* de *fazer* alguma coisa. O que ele nunca imaginou foi que a mulher que um dia diria "A moda é feita para ficar fora de moda" sabia muito bem que depois de alguns anos ela ficaria fora de moda para ele, como já estava acontecendo com d'Alençon, e então para onde ela iria?

Chanel abriu as portas do seu negócio em 1909 ou 1910, embora pudesse ter sido mais tarde, em 1912, ou mais cedo, em 1905, quando o *International Herald Tribune* publicou uma pequena reportagem falando que se podia comprar um belo regalo de pele na Chanel Modes. De qualquer forma foi em algum ano do final da Belle Époque, quando as mulheres elegantes passavam a maior parte do tempo mudando de roupa. Havia uma roupa para o café da manhã, outra para passear no parque, outra para visitar a costureira, outra para o chá, outra para fazer ou receber visitas entre cinco e sete horas da tarde (que também eram as duas horas tradicionalmente reservadas para o adultério), outra para jantar e finalmente outra para o teatro. Claro que cada roupa exigia o seu próprio chapéu.

Um chapéu típico da era pré-Chanel podia ter 60 centímetros de um lado ao outro; feito de veludo, feltro ou *mohair* e com flores de seda — rosas e hortênsias, muito populares — e plumas, plumas, plumas. Em 1911, somente na França, 300 milhões de pássaros foram sacrificados para obterem-se seus penachos, as plumas de suas asas e cauda[4]. Fivelas de metais variados, inclusive aço, eram usadas para apertar uma tira de veludo que rodeava a cabeça. O peso desses chapéus sobrecarregava o pescoço da mulher, mesmo sendo ela uma matrona robusta, mas ninguém se preocupava com isso.

Os chapéus eram usados enviesados na cabeça e pairavam sobre ela com a ajuda do que se chamava "estrutura de cabelo Pompadour para apoio"; esse suporte permitia ao cabelo que ficava sob a copa do chapéu ser montado na forma de uma torrezinha que sustentava o chapéu. As mulheres pediam às empregadas que guardassem o cabelo retido na escova, para o caso de ser preciso mais cabelo para chegar à altura e ao volume certos. Alfinetes de chapéu eram necessários para firmar na cabeça a superprodução; naturalmente eles eram também grandes e enfeitados, muitas vezes com cristal lapidado ao lado de pérolas, diamantes ou quartzo cor-de-rosa.

Os chapéus eram ao mesmo tempo obrigatórios e um aborrecimento fenomenal. As mulheres precisavam viajar com uma criada, porque era impossível conseguirem sozinhas construir os andaimes de cabelo e alfinetar neles o chapéu. Todos aceitavam como parte da

---

[4] Nota publicada no *Paris Herald*, que alarmou os poucos contemporâneos defensores da ecologia.

vida de uma mulher elegante os imensos adornos na cabeça — com exceção dos ávidos amantes do teatro, que volta e meia faziam campanhas apaixonadas para que as mulheres usassem chapéus menores no teatro. As campanhas raramente davam resultado; poucas mulheres ousavam tirar o chapéu em público, temendo expor o cabelo falso e o suporte feito de cabelo.

Essa bobagem não poderia prosseguir indefinidamente — se não por outra razão, em favor da preservação da população de pássaros do país.

Coco Chanel tinha opiniões próprias muito antes de alguém se importar com o que ela pensava. Dizia para si mesma em alto e bom som como era possível uma mulher pensar debaixo de uma coisa daquelas. Um chapéu feito por Chanel era tão básico que era escandaloso. Ela comprou nas Galeries Lafayette um enorme número de chapéus de palha de copa chata, tipo gondoleiro, e enfeitou-os ela própria com uma única pluma ou com uma flor de seda. Eles se encaixavam na cabeça, sem necessidade de estrutura de cabelo Pompadour para apoio. Sua simplicidade tornou-os excêntricos.

A primeira cliente de Chanel não foi outra senão Émilienne d´Alençon, que usou uma criação de Chanel nas corridas de Longchamp. D´Alençon havia abandonado recentemente Balsan para ficar com um jóquei. As fofocas não poderiam ter sido mais deliciosas. "E que chapéu era aquele, maravilhoso e estranho, na cabeça de d´Alençon?"

O sucesso imediato de Chanel como chapeleira foi maior que a soma dos seus chapéus. Qualquer um poderia ter ido à loja de departamentos, comprar uma porção de chapéus de palha e pregar uma fita de gorgorão azul em torno da copa. O fato de nenhuma outra pessoa ter feito isso pode ser classificado como "Genial e simples". Mas os chapéus também eram os cartões de visita de Chanel, funcionando como publicidade para ela. Começou a correr o boato de que Balsan estava envolvido com uma jovenzinha estranhíssima, que não era de alta linhagem e nem tampouco tinha o tipo tradicional da cortesã sensual. As mulheres dos homens do círculo de Balsan iam à Chanel Modes para saber como era a sua *petite amie*. Chanel era uma curiosidade, um unicórnio no meio delas, e ficava mais do que feliz por ganhar clientes com a sua aparência que consideravam idiossincrática. As mulheres vinham olhá-la e saíam com um ou dois chapéus. Bem antes do N°5, algo novo estava no ar.

✽ ✽ ✽

Muito bem, mas o que isso tem a ver conosco? O mais perto que uma de nós vai chegar da mais nova coleção da Maison Chanel é a leitura da *Vogue* num avião. Estou exagerando, mas não muito. Na minha última estadia em Nova York fui à Chanel Soho Boutique na Spring Street. Eu havia considerado a ideia de gastar num casaquinho cor de ameixa todo o dinheiro que reservara para compras, mas temia ficar com o mesmo problema com que me deparei quando pintei a sala de estar: as paredes ficaram tão lindas que fizeram toda a mobília (e até os livros) parecerem caquéticos e deprimentes. Voltei à loja quatro vezes. Falei para o vendedor bem-humorado sobre a minha metáfora da pintura da sala de estar. Ele deu uma risadinha profissional e tentou me vender uma garrafa de Cristalle. Não levei o casaquinho e nem o perfume, e agora estou arrependida.

Mas mesmo se você não for o tipo que analisa demais, neuroticamente, a compra de uma malha Chanel, ainda assim há a possibilidade (reconhecidamente pequena) de que nem o Chanel-Chanel e nem tampouco o Lagerfeld-Chanel caia bem em você. Porque Chanel tornou-se sinônimo de estilo e elegância, tendemos a nos esquecer que ela desenhava as roupas sobretudo para si mesma. Ela era miúda, tinha seios pequenos e quadris estreitos. Não sabemos grande coisa sobre a sua cintura, mas é quase certo que ela tivesse o corpo de uma ginasta. Já com mais de 80 anos Chanel orgulhava-se em dizer:

SOBRE ESTILO

"Ainda posso usar as roupas que usava quando garota. Corte a minha cabeça e eu tenho 13 anos".

Se, em vez de ser miudinha e ter corpo de ginasta, você tem altura média, ombros e quadris largos e cintura fina, ou tem ombros e quadris de tamanho médio e cintura larga, um conjunto Chanel a fará se sentir um retângulo sobre pernas. A paleta de cores clássica de Chanel — azul-marinho, cinza e bege — poderá fazê-la parecer doente e não chique. Talvez a simples *ideia* de usar semijoias a faça se sentir incorporando o espírito da tia Daphne, aquela do batom alaranjado borrado nos cantos dos lábios, que estava sempre meio alta e dançava o chá-chá-chá na sala de estar. Chanel pode fazê-la se sentir a mulher colecionadora de gatos, quando você decididamente gosta de cachorros.

Tanto faz. É uma ironia de que a própria Chanel teria gostado: para incorporar o estilo Chanel não é necessariamente necessário vestir Chanel.

※ ※ ※

## Elegância à la Chanel

"*É sempre melhor estar um pouquinho insuficientemente vestida.*"

Vestir-se com roupa em excesso é parente próximo de exagerar nas tentativas de impressionar. É anunciar ao mundo que para estar à altura da ocasião você não confia em si mesma ou nas suas roupas. É acreditar que você pode enfeitar desnecessariamente algo que já é lindo, é pensar que a beleza está fora, e não dentro, e que mais é melhor. (Até hoje é válido o ditado modernista de que menos é mais — a não ser para as reapresentações de *Família Soprano*.)

Observe que o conselho de Chanel sugere que as mulheres estejam *um pouquinho* insuficientemente vestidas. Isso significa que jeans usado num jantar a rigor não é nem chique nem fabuloso e que o fato de todas as madrinhas do casamento da sua sobrinha preferida estarem usando sandálias havaianas não lhe dá licença para fazer o mesmo.

*"Tudo o que devemos fazer é subtrair."*

Chanel não era apenas uma brilhante estilista formadora de opinião. Era também uma mulher que adorava declarações públicas radicais, máximas que resumiam sua personalidade. Anos antes de Dorothy Parker fazer observações irreverentes na Mesa Redonda do Hotel Algonquim, Chanel estava emitindo suas opiniões em Paris. E assim, muitas das coisas que foram ditas por ela parecem ter sido atribuídas a Dorothy, que pode ou não ter dito: "Antes de sair de casa, olhe-se no espelho e tire um acessório" (de qualquer modo a ideia é certamente chaneliana).

A simplicidade será agora e para sempre equiparada à elegância. Pense: você realmente precisa daquele cinto de corrente? Da blusa de alças em três camadas? De tudo, desde o compartimento inferior da sua caixa de bijuterias (onde, como cobras, todos os colares e pulseiras cochilam terrivelmente emaranhados), dependurado em seu pescoço? Das meias púrpura estampadas sob as botas de franjas que vão até os quadris? (Talvez você precise; veja abaixo.)

*"Não devemos passar o tempo todo aprontando-nos. Tudo o que precisamos são dois ou três conjuntos, desde que eles e tudo o que vai ser usado junto com eles sejam perfeitos."*

Poucas coisas sobre o estilo Chanel não sobreviveram ao teste do tempo. Uma delas é o chapéu de palha de gondoleiro (ela o usava em casa; assim, se aparecesse alguém desinteressante ela poderia sempre dizer que estava de saída), e o outro é a ideia de que a base de um guarda-roupa feminino elegante são dois ou três conjuntos bem feitos. O conceito é simplesmente datado demais para as mulheres modernas.

No entanto a ideia é procedente, apesar da nossa obsessão nacional com a aparência, apesar de passarmos tempo demais nos vestindo para o mundo — sem nem falar dos amigos e da família — sinais de que somos autocentradas, além de não muito interessantes. Poucas coisas são menos elegantes do que uma tola autocentrada, e assim a ideia de compor poucos trajes perfeitamente combinados, reunindo peças tiradas do fundo do armário, é elegante e chique. Estamos falando de misturar coisas combinando-as. Estamos dizendo que a maioria das peças que temos devem combinar, porque há coisas melhores a fazer do que ficar pensando em roupas por horas a fio. É ou não é?

*"Precisamos ser um pouquinho fetichistas."*

As pessoas que não gostam de Chanel (é verdade, isso existe) deploram duas coisas. A primeira é que ela é frequentemente considerada a "Mãe do Fleece" (um tecido 100% poliéster), pois seus conjuntos de jérsei prepararam o caminho para o hábito americano de ir ao supermercado de *training* e chinelos. Seus detratores insistem que ela é responsável por todos os *looks* deselegantes da cultura contemporânea, por fazer do mundo um lugar seguro para os casais fazerem turismo de bermudas, camisetas combinadas, bonés de beisebol e tênis. A segunda objeção é que as suas roupas não são, na verdade, simples e elegantes, mas prosaicas e obtusas.

Entra em cena a camélia, a flor predileta de Chanel e o símbolo do seu misterioso e elegante tipo de feminilidade masculina. Proust escandalizou o Salon des Guermantes por usar uma camélia na lapela (o uso de uma camélia era associado ao tipo de travessura extramarital pela qual a classe alta francesa é famosa), em vez do habitual cravo sóbrio, e Chanel apoderou-se dessa flor. Ela adorava a sua forma quase perfeitamente redonda, seu branco-pérola contra um vestido preto ou o cabelo negro. Bordou-a em blusas (desde 1922) e na ponta dos sapatos. As camélias apareciam em relevo nos botões dourados e balançando em pingentes. Chanel encomendou tecidos com estampa de camélia e camélias artificiais em seda, veludo, tule, *chiffon* e couro.

Sendo um pouco fetichistas, podemos nos permitir a alardeadíssima individualidade sem a qual nós, mulheres, murcharíamos e morreríamos. Nossos fetiches nos dão permissão para termos uma vasta coleção de sapatos vermelhos ou vários tipos de joias.

*"Estilo é saber quem você é e o que você quer dizer, e não ligar a mínima."*

Isso não foi dito por Chanel mas por Gore Vidal, que também gostava de virar as coisas de cabeça para baixo. Esse é o xis da questão. Uma das razões pelas quais apoiamos Chanel, a magnificamente imperfeita, como a manifestação perfeita do estilo é que ela nunca hesitou quanto ao que ela gostava e o que lhe caía bem. Mesmo quando não era nada mais que a última diversão de Balsan, ela aparecia ao lado dele nas corridas com o chapeuzinho enterrado na cabeça, o conjunto escuro feito por um alfaiate e uma blusa branca. As pessoas olhavam. Onde estava o chapéu-travessa? Seus babados, sua cauda de seda, sua anágua, seu boá de plumas, onde estavam?

Sabermos quem somos é um desafio para a maioria de nós. Como zelosas consumidoras, somos perseguidas pelo sentimento de que devíamos viver num estado de eterna autotransformação. Fincar nossa bandeira no chão e dizer "Eu sou assim!" soa para nós como desistir, ou nos contentarmos com menos, ou não sermos tudo o que podemos ser.

Uma amiga que é chique sem fazer esforço dava esta sugestão para ter um ponto de apoio quanto ao seu próprio estilo: da próxima vez que for a algum lugar onde você precisa parecer magnífica,

## SOBRE ESTILO

economize na embalagem. Você não terá espaço para aquela saia balão que você gosta de usar se estiver se sentido magra, divertida e bem disposta com um leve bronzeado. Você só poderá usar o que funciona, o que a faz sentir-se confortável e confiante, o que a faz sentir-se você mesma. Quando chegar em casa, livre-se de todas as peças do seu guarda-roupa que não estão de acordo com os seus padrões, lembrando-se da advertência de Chanel de que "nada faz uma mulher parecer mais velha do que o gasto óbvio e a complicação". Além disso, cuidado ao usar branco, a menos que você queira dar a impressão que foi mergulhada em chantili.

❋ ❋ ❋

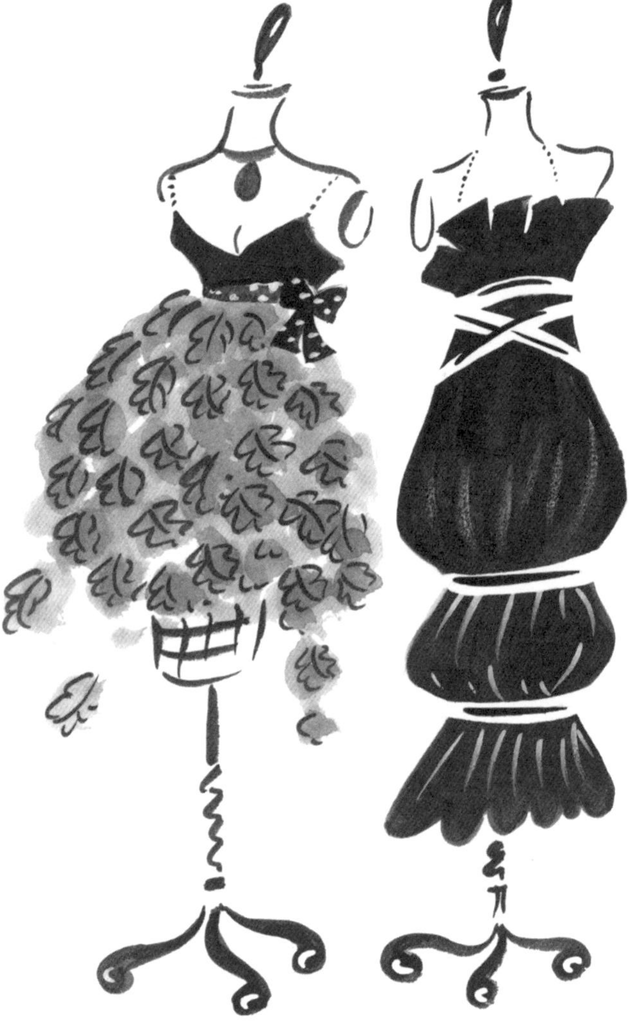

# 2

# SOBRE AUTOINVENÇÃO

*"Quantas preocupações deixamos de ter quando decidimos não nos tornarmos algo mas sim alguém."*

Quis deixar a citação acima de modelo no alto da página como uma das perfeitas bolsas acolchoadas Chanel 2.55, na esperança de que você simplesmente a admirará sem perguntar demais. A bolsa, apresentada ao mundo em fevereiro de 1955 (daí o 2.55), custa uma fortuna e não se pode esperar que ela guarde mais do que a sua carteira, suas chaves e seu batom. Até Chanel, presciente como era, não poderia imaginar que chegaria o dia em que uma mulher também precisaria de espaço na bolsa para um telefone.

Esse era exatamente o tipo da frase alegre e contraintuitiva que Chanel adorava declarar, sem dúvida sabendo plenamente que o fato de ser mais fácil falar do que fazer não a invalida. Mas o que ela queria realmente dizer? Que preocupações, exatamente, perdeu quando resolveu não perseguir a sua carreira musical no *caf'conc* ou, mais importante, o papel de uma respeitável moça pobre educada num convento que esperava se casar com um comerciante ou talvez até mesmo com um chefe de estação ferroviária? Obviamente nos ocorre que ela não precisava mais ter de se preocupar com:

a. O fato de que não era capaz de cantar realmente;

b. O fato dela não saber representar absolutamente;

c. A chateação que implica em ser considerada adequada, recatada, virginal e, portanto, casadoira;

d. Ser boazinha.

Eu gostaria de poder riscar a última preocupação como um interesse do século passado, se não do século XIX. Chanel é eterna — sim, icônica — e por isso tendemos a nos esquecer de que ela nasceu em 1883, sob o reinado tirânico do "Anjo da Casa". A mulher perfeita era uma esposa perfeita, descrita pela primeira vez num poema tolo de Coventry Patmore em 1854, revisado em 1862 e depois imortalizado em 1931, num artigo de Virginia Woolf ("Ela era imensamente simpática. Era imensamente encantadora. Totalmente abnegada. Primava nas difíceis artes da vida familiar. Sacrificava-se diariamente. Se havia frango, ela ficava com o pé; se havia uma corrente de ar, ela sentava-se ali. [...] Acima de tudo, ela era pura."), e, mais recentemente, comentado pela escritora Cathi Hanauer numa antologia organizada por ela, *Mulheres em Fúria*, uma compilação de artigos escritos por mulheres que ainda se debatem com a mesma velha questão de como é preciso ser boazinha para continuar feliz no casamento. Estou simplificando, mas a essência é essa.

Sei que estou mostrando um dilema antigo, um dilema que supúnhamos ter sido resolvido na época em que a meia-calça foi inventada. Mas essa questão de ser boazinha e de nos preocuparmos em sermos percebidas como sendo boazinhas é o elefante na sala do anjo. Há muitos anos escrevo mensalmente uma coluna de orientação na revista *Redbook*. Respondo a quatro perguntas por mês sobre problemas diversos referentes a relações, trabalho e dinheiro. As perguntas têm uma coisa em comum: como é que a mulher que me escreve pode, sem parecer autoritária, dizer ao marido, à melhor amiga, irmã, sogra ou patrão que vai ou não fazer algo; ou que eles precisam fazer ou parar de fazer algo? Alguns desses problemas são enormes e difíceis de abordar. Minhas consulentes

## SOBRE AUTOINVENÇÃO

arcam com fardos pesadíssimos: são casadas com homens fracassados, mas adoráveis; trabalham em dois empregos; estudam à noite e têm filhos, problemas de saúde, dívidas. Elas estão realmente lutando, e quase sempre a mudança que querem realizar em sua vida é absolutamente razoável, e, ao mesmo tempo, ficam imaginando um modo de resolver seu problema sem deixar ninguém zangado. Elas se preocupam em "ser boazinhas".

Chanel não se preocupava em ser boazinha ou em agir de acordo com nenhuma regra, fora as que ela havia estabelecido para si mesma. É grande a tentação de desmerecer a sua coragem atribuindo-a a alguma circunstância especial, ao seu "gênio" (ao contrário de Picasso, que ainda no útero era capaz de desenhar um círculo perfeito, os dons de Chanel não se revelaram cedo) ou a alguma vantagem que ela tivesse, mas Chanel não tinha nada. Ela tinha contra si praticamente tudo o que se possa imaginar. Sua infância foi a versão Belle Époque de uma triste canção *country*. Só faltou o cachorro morto e a doença devastadora.

Chanel nasceu no abrigo de desamparados de Saumur, uma cidadezinha desconhecida do interior da França. Quando isso aconteceu, seus pais, Jeanne DeVolle e Henri-Albert Chanel, não eram casados — fato que na época podia destruir a vida de uma pessoa. Ela recebeu o nome de Gabrielle Bonheur, em homenagem à enfermeira que fez o parto, pois parece que sua atormentada mãe não tinha nenhum outro nome em mente, e seu sobrenome foi escrito errado na certidão de nascimento, ficando ela registrada como Chasnel. Dado o peso que o nome Chanel acabou tendo, a ironia desse engano é deliciosa.

Albert Chanel, como era conhecido, foi um homem carismático que também nasceu numa casa pobre; um vendedor ambulante especializado em botões, toucas, aventais e o que quer que caísse em suas mãos. Trabalhava sobretudo nas feiras de Auvergne, na região montanhosa do centro-sul da França, famosa por seus vulcões extintos, pelo presunto e pelos camponeses astutos, distraindo-se o tempo todo com as tentações de praxe. Jeanne DeVolle era uma dessas tentações, filha do dono da estalagem que lhe alugava um quarto. Tinha 19 anos quando deu à luz Gabrielle (ela e Albert já tinham outra filha, Julie, nascida um ano antes). Albert acabou se casando com ela quinze meses depois do nascimento de Gabrielle, mas isso não fez desaparecer o estigma da ilegitimidade.

Antes de partir para Moulins, Brioude e Aurillac, Albert instalou Jeanne e as filhas num apartamento de um cômodo em Issoire, para onde voltava de tempos em tempos para então engravidá-la novamente. Em 1885 ela deu à luz Alphonse. Em 1887 deu à luz Antoinette. Em 1889, numa taberna popular, deu à luz Lucien. Pouco tempo depois, provavelmente sofrendo de tuberculose, esgotada e desnutrida pelas sucessivas gestações, Jeanne morreu num dos quartos gelados onde havia sido deixada por Albert, o andarilho. Estava então com 26 ou 32 anos. Segundo alguns relatos Gabrielle tinha apenas 6 anos, segundo outros, já estava com 11 ou 12. De qualquer modo, depois da morte de Jeanne, o viúvo Albert despejou os cinco filhos na casa de sua mãe em Vichy e nunca mais se ouviu falar dele.

A mãe de Albert, que também tinha uma porção de filhos, não conseguiu manter os netos; Lucien e Alphonse foram mandados para uma fazenda do estado e Gabrielle e suas irmãs, Antoinette e Julie, foram postas num orfanato dirigido pelas freiras da Congregation du Sacré Coeur de Marie de Aubazine, em Corrèze.

Mesmo entre as órfãs, Gabrielle e suas irmãs eram párias. A maioria das meninas de Aubazine tinha uma família grande que podia pagar alguma coisa às freiras. As irmãs Chanel estavam entre as indigentes que não tinham família, ou cuja família era pobre demais para contribuir com alguma coisa, aquelas que comiam mingau aguado em mesa separada e dormiam em quartos sem aquecimento. Coco e suas irmãs eram a escória das meninas pobres.

※ ※ ※

## SOBRE AUTOINVENÇÃO

O primeiro ato consciente de rebelião de Chanel foi mentir. Ela mentia ou embelezava bastante as coisas na sua infância, rearranjando acontecimentos, inventando fatos e personagens, fazendo desaparecer os irmãos. Não tinha nenhum respeito por nada que não fosse criação dela, e isso incluía a sua própria história. Tornou-se perita em espalhar informações erradas sobre a sua origem e sua família, e durante muito tempo ela conseguiu enganar o mundo inteiro. Até Janet Flaner, escrevendo no *New Yorker* em 1931, fez sua aposta classificando vagamente a infância de Chanel como "modesta, saudável, bucólica". Mesmo com o risco de arruinar a sua bela frase, Flaner devia ter parado no "modesta".

Chanel estava na vanguarda do que hoje se pratica em termos de manipulação da imagem. Suas invenções não eram piores que as do político típico. Ela não veio de nenhum lugar, não devia nada e não tinha ninguém. A quem ela devia a verdade sobre o seu começo modesto? Aos aristocratas e às senhoras da sociedade que a censuravam porque ela "se vendia"? Aos seus amigos artistas — Cocteau, Picasso, Diaghilev, Stravinsky —, que por sua vez remodelavam seu currículo e afirmavam que a arte é a mentira que diz a verdade?

Mas quanto mais lendária se tornava Chanel, mais o mundo desaprovava a sua recusa teimosa em ser sincera quanto à questão da miséria da sua infância. Ninguém se importava com a sua origem quando ela era balconista, costureira, cantora de *caf´conc* e *petite amie* de um homem rico. Então ela se tornou Chanel e as pessoas começaram a perguntar a seu respeito, e as perguntas se transformaram em necessidade de saber, e a necessidade de saber se transformou no direito de saber. Era aquela velha história: quanto mais famosa ela ficava, mais as pessoas que a tornavam famosa achavam que ela lhes devia uma explicação. Não era muito simpático mentir sobre sua vida, era?

Sendo a vida dela tão bem sucedida, por que nos ocultava as coisas? Nós tínhamos nos rendido às suas criações, comprávamos vidros e mais vidros do N°5, adorávamos o seu estilo, imitávamos o seu bom gosto e elegância e até a recebemos de volta depois de ter sido posta em desgraça durante a Segunda Guerra Mundial por ter colaborado com os nazistas. (Chanel se indignava quando alguém deplorava a sua escolha de amante: "Quando se está com a minha idade não se pede para ver o passaporte do cavalheiro", gritava ela.) Nós gostávamos dela, e porque gostávamos dela começamos a pensar que ela nos devia a verdade sobre si mesma. Ela não percebia que ser transparente sobre o seu início humilde tornaria a sua história ainda mais inspiradora e a faria ainda mais heroica? Não percebia que admitindo ser cem por cento *self-made* nós gostaríamos ainda mais dela?

Mas qualquer curso básico de psicologia nos ensina que não é assim que as coisas funcionam para os que se inventam. Chanel pode ter prevaricado sobre a sua infância pela diversão perversa de ser do contra, mas também sabia intuitivamente que precisava acreditar que vinha de uma situação melhor para continuar sendo quem ela era; precisava acreditar profundamente que valia o dinheiro e o respeito que estavam à sua disposição.

Faulkner disse: "O passado não morreu e nem mesmo é o passado" e isso é válido sobretudo para quem se fez sozinho. Na nossa moderna histeria coletiva pela celebridade — e o superpoder que acreditamos que ela confere — esquecemos completamente que diariamente todos nós ainda precisamos acordar de manhã, nos vestir, escovar os dentes e matar os nossos demônios particulares.

※ ※ ※

A autoinvenção é um ato de imaginação, o escrever contínuo de um enorme romance que nunca acaba e do qual o protagonista é você. Não é uma mudança de aparência, uma cor de cabelo nova, um novo guarda-roupa ou mesmo férias de uma semana no deserto

SOBRE AUTOINVENÇÃO

para se revigorar. Ela exige uma determinação resistente e às vezes um desespero pouco lisonjeiro. Significa fazer o que for preciso — inclusive enfeitar nossa história pessoal, o que numa autobiografia equivale a corrigir o solo antes de plantar as rosas. Acreditar que o nosso DNA está impregnado de, por exemplo, um clã de celtas fanfarrões, contadores de histórias e iconoclastas, em vez de três gerações de alcoólatras, pode fazer a diferença entre se tornar o próximo James Cameron ou herdar a mesa predileta de nosso pai no bar da esquina. A história, como sabemos, é escrita por vencedores, e isso vale também para as histórias pessoais.

❇ ❇ ❇

## Dicas para mudar o seu passado ao estilo Chanel

*Culpe a "paixão" pelo mau comportamento dos seus antepassados.*

Chanel insistia em dizer que embora seu pai parecesse ser um namorador irresponsável, ele era um marido amável que fez sua mãe muito feliz. Ela afirmava que seus pais eram profundamente apaixonados. Tão apaixonados que quando sua mãe entrou em trabalho de parto ela foi até onde Albert estava, para um encontro romântico. Mas o bebê não esperou, e simplesmente aconteceu de o abrigo para pobres estar no caminho. O que está implícito nessa história é que se Jeanne tivesse tomado um caminho diferente ou saído um pouco mais cedo ou um pouco mais tarde, ela poderia ter dado à luz num endereço melhor. As freiras do abrigo foram tão boas para Jeanne que ela homenageou essa generosidade chamando o bebê de

Gabrielle Bonheur, o nome da moça que a assistiu no parto. Em algumas versões não havia abrigo de pobres e nem freiras; numa delas Chanel nasceu em Saumur, na casa de pessoas que Jeanne conheceu no trem e que foram muito hospitaleiras com ela.

*Identifique-se com o membro mais glamouroso da sua família.*

Chanel era a queridinha do papai, e como todas as queridinhas do papai desde que Atena surgiu totalmente armada da cabeça de Zeus, ela defendeu Albert embora ele não merecesse isso. Afirmava alternadamente que seu pai não era ambulante, mas um homem que negociava vinhos (o que é muito mais sexy), ou objetava e dizia que não tinha ideia do que ele fazia. Ela afirmou que ele a adorava e lhe tinha dado o apelido de Coco quando ela era ainda bebê (seus biógrafos concordam que esse apelido veio do seu grande sucesso dos tempos do *caf' conc*, "Qui qu'a vu Coco", sobre uma garota parisiense desesperada por ter perdido seu cão, ou "Ko-ko-ri-ko", que tinha a ver com o trabalho árduo de um galo).

Ela tomou a defesa de Albert no episódio do abandono de seus filhos. Foi pura e simples falta de sorte que sua mulher morreu. Ele não tinha outra alternativa senão — o que mais poderia fazer? — ir para os Estados Unidos tentar a sorte. Ela dizia às outras meninas do orfanato que um dia ele voltaria dos Estados Unidos.[5] Décadas mais tarde comentou com seus amigos que ele não tinha tido escolha. Que outro comportamento se poderia esperar de um homem jovem, encantador e cheio de energia? Chanel disse várias vezes que se fosse ele, faria a mesa coisa. E isso provavelmente é verdade.

---

5 Nada comprova que Albert Chanel tenha deixado a França algum dia. Quando todos os filhos já eram adultos, Lucien Chanel, irmão de Coco, tentou descobrir o paradeiro do pai e descobriu-o morando no norte com uma mulher muito mais jovem; Albert convidou Lucien para morar com eles, então desapareceu novamente quando o filho chegou.

## SOBRE AUTOINVENÇÃO

*Renomeie as pessoas que a humilharam.*

Chanel tinha um temperamento incrivelmente difícil (às vezes ela se enfurecia tanto que cerrava os punhos e ficava pulando), e deve tê-la enfurecido ter sido trancafiada num orfanato, quando tecnicamente não era órfã. Seu pai estava vivo e bem, e fazendo fortuna nos Estados Unidos.

Durante toda a sua vida, Chanel recusou-se a admitir ter colocado os pés num orfanato algum dia. Seu pensamento deve ter sido do tipo: eu não era órfã, portanto não fui criada num orfanato. Sendo assim, não fui criada por freiras (horrorosas), mas por uma dupla de tias que eram como freiras.

As "tias" eram austeras, porém simples e sensatas em seu provincianismo. Insistiam para que Chanel usasse uniforme durante o dever de casa. Todo ano no mesmo dia, as tias retiravam dos armários a roupa da casa e passavam-na a ferro novamente. O chão brilhava, sua disciplina era férrea. Elas ensinaram Chanel a costurar. "Se eu tenho certa preferência pela ordem, pelo conforto, por ter as coisas bem feitas, por armários cheios de roupa cheirosa... devo isso às minhas tias."

As tias fictícias apareceram com frequência ao longo dos anos. O período entre o orfanato e a abertura da sua loja na Rue Cambon não tinha interesse para Chanel. Ela não gostava de lembrar seu tempo de vacas magras, quando era balconista; em vez disso apelava para as tias. *Essas* tias eram donas de pastos, alugados para a cavalaria local. Os cavalos eram levados ali para se recuperar e, mesmo sem sela, Chanel montava os e galopava pelos campos com seus longos cabelos negros chicoteando o vento! Muito romântico. Houve também algumas tias reais, e o fato de uma delas, sua tia Louise, tê-la ensinado a costurar, não foi digno de menção, ao que parece.

*Abrace a sua região.*

Chanel pode não ter sido útil para a sua família, mas ela gostava de atribuir boa parte do seu sucesso às suas raízes provincianas. Ser de Auvergne era ser um vendedor nato, criar nas pessoas a necessidade daquilo que você lhes oferece, ser astuto, calculista e também encantador.

A região de Auvergne tem uma história antiga e sangrenta. Foi ocupada pelos visigodos e francos, e no século XI o Conselho de Clermont organizou ali a Primeira Cruzada. O vampiro da ficção de Anne Rice, Lestat de Lioncourt, nasceu ali. As pessoas de Auvergne são consideradas duras, frugais e de caráter forte.

Abraçar as características da sua região é um modo de pertencer a uma grande família, sem as obrigações que isso acarreta. É um modo de pertencer sem que contem com sua presença no dia de Ação de Graças.

Deve-se observar que tecnicamente Chanel era de Saumur, uma cidade no distrito de Maine-et-Loire, e não de Auvergne, a terra da sua mãe.

**Enquadre-se no estereótipo de heroína romântica.**

Chanel não era bem educada mas tinha um talento fantástico para absorver tudo com que se deparava. Uma das suas romancistas preferidas era Gyp (também conhecida como Sybille Gabrielle Marie-Antoinette de Riquetti de Mirabeau, condessa de Martel), cujos romances apareciam em capítulos nos jornais locais. Os fãs ardorosos desses folhetins recortavam cada trecho e faziam "livros" com os recortes.

Chanel tinha uma tia e um tio verdadeiros (tia Louise e tio Paul), que visitava ocasionalmente nas férias; lá podia ler o último romance de Gyp, em livros compostos pela tia Louise. Às vezes ela levava os livros às escondidas para o orfanato, onde os lia em segredo. As histórias de Gyp, cheias de figurinos, apresentavam caipiras namoradeiras que gostavam de usar roupas elegantes e anáguas exuberantes — em poucas palavras, a personalidade de Chanel.

❊ ❊ ❊

## SOBRE ESTILO

Chanel tinha muitas coisas a seu favor — e o sentido de urgência não era a menos importante delas — que a levaram a reunir suas modestas vantagens e imaginar como explorá-las. Sua lista era pequena mas lhe seria útil até o fim da vida:
Sua aparência.
Sua inteligência, incluindo seu poder de observação.
Sua capacidade de galopar um cavalo pela floresta.

Em 1900, muitos anos antes de Chanel conhecer Balsan, foi publicado o *best seller Claudine à l'école*, do famoso e sagaz crítico de música Henri Gauthier-Villars, que escreveu sob o pseudônimo de Willy. Claudine era uma garota provinciana de 15 anos — ousada, desbocada e dissimulada, a primeira adolescente moderna. Suas aventuras foram relatadas em vários livros de incrível sucesso comercial (eram os *Harry Potter* da época) que inspiraram uma série de divertidos produtos: sabão Claudine, perfume Claudine, charutos Claudine e um uniforme Claudine completo. Apesar de ser uma lenda literária, Willy não teve nenhuma relação com os livros Claudine, fora colher os tremendos lucros que eles geraram. Pretendendo ajudar sua jovem esposa, Sidonie-Gabrielle Colette, a realizar as suas próprias ambições de escritora, ele a trancava num quarto toda manhã e não a deixava sair enquanto ela não tivesse escrito um número suficiente de páginas de Claudine (por mais terrível que isso possa parecer, a maioria dos escritores que conheço gostaria desse cativeiro fiscalizado). Sidonie acabou por aparecer como a verdadeira autora, livrou-se do marido pelas razões costumeiras, tornou-se artista de *music-hall*, adotou como escritora o nome Colette e entrou para a história. Anos depois, Colette e Chanel desfrutariam de uma amizade em que formavam uma dupla totalmente desigual. Chanel achava Colette demasiado indisciplinada e gorda; Colette achava Chanel petulante e severa.

Mesmo se Chanel não tivesse se oposto vigorosamente a ser considerada manteúda (sabe-se lá como foi que ela racionalizou sua situação para si mesma; talvez ela achasse que o período em que esteve sob a asa de Balsan fosse uma espécie de retiro prolongado, durante o qual em troca dos seus favores ela recebesse muito tempo livre para imaginar a sua vida), ela era uma desajustada, um pato estranho entre cisnes. Estava com 25 anos e parecia ter 15, desconexa, peitos pequenos, quadris estreitos. Ela era uma Claudine. Sua beleza incomum estava uns poucos anos antes de chegar ao apogeu, e vestida com os adornos da época parecia totalmente ridícula. É improvável que Balsan e o pessoal aficionado de corridas em Royallieu conhecessem os livros de Claudine; a única coisa que eles liam regularmente eram as páginas de turfe. É provavelmente também seguro supor que as exigências da criação, amansamento, treinamento, corridas e venda de cavalos os consumissem a ponto de excluir quase tudo além de dar festas. Mas a estética de Claudine estava no ar. Era o *look* do futuro, se não do presente. Chanel era uma curiosidade, e ela sabia disso.

As mulheres que acompanhavam os proprietários de cavalos de corrida, os criadores aristocratas, os jogadores de pólo e os jóqueis famosos que iam a Royallieu para as festas da casa e os bailes à fantasia eram pessoas renegadas — amantes de longa data, cortesãs conhecidas, interesseiras e outras cocotas da época, até mesmo, eventualmente, uma atriz em fase ruim. Algumas eram consideradas grandes belezas (inclusive Émilienne d'Alençon, cuja imagem ainda pode ser vista nos eternos pôsteres do Folies Bergère, frequentemente dependurados nos toaletes femininos dos cafés). Eram suaves e cheias de curvas, com almofadas em todos os lugares em que uma mulher pode ser almofadada, de lábios intumescidos, braços alvos, indolentes, de olhar lento, bovino.

Chanel ficou fascinada e amedrontada com elas. Às vezes ela comia na cozinha para evitar as comparações. Perto do fim da vida ela recordava essas mulheres preferidas, seguidoras da moda: "Todas aquelas mulheres se vestiam mal, na sua armadura corporal, com o busto para fora, o traseiro projetando-se também para fora, a cintura apertada quase a ponto de cortá-las ao meio. Vestiam-se até os dentes... e no entanto eu não achava que as cocotas eram tão ruins assim. Achava que elas eram muito bonitas com o chapéu mais largo que seus ombros e os olhos grandes, exageradamente maquiados. Elas eram suntuosas".

Chanel não era suntuosa, e parecia totalmente ridícula com a moda da época — blusas elaboradas e com apliques; inserções de renda, franzidos, pregas e adornos; as saias longas em forma de jasmim-da-virgínia; os espartilhos com curva em S (que receberam esse nome porque quando amarrados bem apertados empinavam o traseiro e comprimiam um seio contra o outro, fazendo as mulheres parecerem pombos); o ouro, as pérolas ou os brilhantes incrustados no peitilho[6]; os mantos debruados de pele e os regalos exageradamente grandes; as *pelisses*[7] e os manteletes[8]; as luvas de seda bordada e as sombrinhas com incrustações de renda. E, é claro, os chapéus.

Não havia como competir com as mulheres da sociedade do turfe, e assim Chanel nivelou o campo de jogo mudando-o para os estábulos. Ela passava a maior parte dos dias cavalgando os puros-sangues de Balsan. Fazia isso quase todo dia, levantando a poeira das pistas sob o calor escaldante ou em meio à lama do inverno. Ficou famosa no celeiro por ajudar a cuidar dos cavalos jovens que estavam sendo treinados, das montarias difíceis que deixavam os treinadores furiosos e que os jóqueis evitavam sempre que possível. Nenhuma mulher na vida de Balsan jamais se envolveu desse modo no seu mundo, e assim ela fez fama por si mesma.

---

6 Pedaço de tecido normalmente triangular, que se estende da base do pescoço até a cintura, cobrindo o dorso da mulher. Por ser diferente do tecido do vestido, pode ser integrado ao espartilho.
7 Casaco três-quartos, às vezes com uma capinha presa ao ombro.
8 Casaco curto com luvas esquisitas.

Tornou-se famosa por atirar-se sobre um garanhão de dois anos e sair em disparada pelo bosque, o que divertia Balsan e impressionava seus amigos. Ele gostava de exibi-la cavalgando com as pernas abertas — algo que as mulheres da época não faziam — e levava-a nas caças às raposas com um bando de rapazes. No auge da sua glória, Chanel gostava de revelar o segredo de cavalgar bem: finja que você é um homem com um par de testículos entre você e a sela e "... conforme as circunstâncias, você pode pôr uma onça de peso neles". Dizia-se que D'Alençon jamais tinha ido aos estábulos. Ela recusava os convites de Balsan para visitá-los por temer sujar os sapatos.

Tudo isso é um modo de mostrar à leitora que Chanel não começou com uma declaração de missão ou com uma visão empresarial, nem com o caminho das pedras para o sucesso, nem tampouco com um programa para atingir os seus objetivos, uma relação de plano de ação ou um desses conceitos pomposos que associamos às histórias de sucesso multinacional megamodernas.

Mas as suas primeiras grandes iniciativas, as que a levaram ao nível seguinte, foram instigadas pela pura necessidade. Chanel adorava os seus conjuntinhos, uma variação sobre a mesma roupa que ela usava quando adolescente, porque o vestuário extravagante que estava na moda não lhe ficava bem e também porque os conjuntinhos a diferenciavam da típica manteúda, que sempre se apresentava com exagero. E não nos esqueçamos do custo. Balsan era rico, mas nunca foi príncipe ou duque. Tudo o que ele tinha era aplicado nos estábulos. Muitas das primeiras peças de Chanel foram desenhadas para se contraporem ao que ela sabia que nunca poderia ter.

Do mesmo modo, parte da razão de Chanel ter se transformado numa formidável amazona foi o fato de ser esse o único recurso disponível para ela encantar os homens poderosos, que do contrário não teriam interesse por uma mulher aparentemente com tão pouca coisa a oferecer. Quem sabe o que teria acontecido com ela se os homens fossem todos loucos por golfe ou apaixonados pela vinicultura.

## SOBRE ESTILO

Bob Dylan, o famoso poeta que foi também um mestre da autoinvenção, tentou certa vez explicar o seu sucesso: "Eu estava simplesmente fazendo o que podia, usando o que eu tinha onde eu estava". Ele não estava somente criando enquanto ia em frente; estava também usando para isso tudo com que se deparava. Estava ao mesmo tempo fazendo a corda e subindo nela.

E o mesmo se pode dizer de Coco Chanel.

❈ ❈ ❈

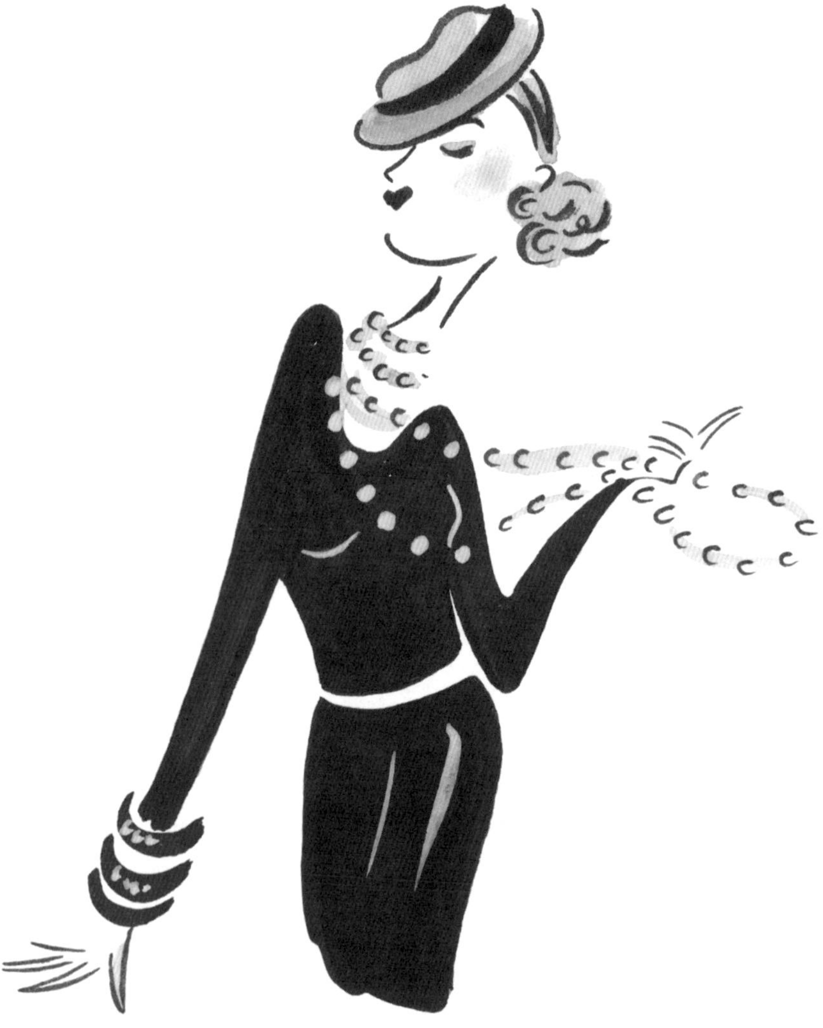

# 3

## SOBRE AUDÁCIA

*"O ato mais corajoso ainda é pensar pela sua própria cabeça. Em voz alta."*

Eu pretendia desenvolver, por meio de uma discussão sobre a admirável audácia de minha biografada, a ideia de que o estilo revolucionário de Coco Chanel foi uma resposta atrevida ao fato dela não se ajustar ao meio elegante de Royallieu. Mas não consigo sair do lugar quando a intuição me diz que uma questão mais premente assoma: o que eu tenho de fazer para ter um Chanel.

Acho um tanto estranho estar escrevendo sobre a vida de Chanel quando o meu único envolvimento com a alta costura consiste em ser neta de Luna da Califórnia, que criou roupas sobretudo para as esposas dos magnatas da indústria cinematográfica de Los Angeles na década de 1950 (os estilos dela foram influenciados por Dior o homem cujos excessos cometidos no pós-Segunda Guerra Mundial com a criação de enormes saias nada práticas foram o chamado à luta de que Chanel precisava para sair da aposentadoria como uma super-heroína idosa), e em ter comprado uma bolsa Marc Jacobs falsa dez anos atrás em Chelsea, antes de todas nós nos conscientizarmos dos perigos de comprar falsificações. Eu não tenho óculos escuros Chanel e nem mesmo um par de Cs entrelaçados de imitação de diamante que custa dez dólares, disponível para compra em qualquer loja de semijoias.

Eu me apaixonei pela Chanel na primavera de 1979, ao ver o vestido preto sem mangas usado por Audrey Hepburn em *Bonequinha de luxo*. (A piteira! As luvas! A tiara!) Assistir ao filme era uma exigência de um trabalho em que tínhamos de comparar e contrastar um romance com a sua adaptação para o cinema. Escolhi *Breakfast at Tiffany's* porque o romance de Truman Capote era muito curto (naquele semestre eu também estava cursando química orgânica) e a protagonista do filme era Audrey Hepburn, que havia feito o papel de uma cega aterrorizada por um maníaco homicida em *Um clarão nas trevas*, deixando-me apavorada quando o assisti na época da faculdade. Deparar-me com o maravilhoso vestido preto de Audrey Hepburn me deixou deslumbrada. Eu afirmei no meu artigo que o figurino era mais memorável que o roteiro. Meu professor de inglês me acusou de fugir do assunto e de ser arrogante. Mas eu tinha razão. O vestido preto roubou a cena, embora tivesse sido criado por Hubert de Givenchy. Procurei na biblioteca da escola um livro sobre Givenchy e descobri depois de um capítulo ou dois que todos os caminhos levavam à Chanel.

Mas não levam a ter um vestidinho preto. Eu nunca teria uma justificativa para ter um vestidinho preto, criado seja lá por quem for. As únicas ocasiões em que preciso me preocupar com roupa são os casamentos. E ainda da última vez eu tive a confirmação de que usar preto em casamento não é de bom tom, embora talvez seja o mesmo que não usar branco depois do Dia do Trabalho, uma tradição que vem da época em que as mulheres usavam luvas. Ainda vai chegar o dia em que vou receber um convite para uma festa filantrópica a rigor ou para guardar um lugar na entrega do Oscar, mas no momento eu não tenho nenhum uso para um vestido preto (além da vantagem psicológica que virá de eu saber que sou elegante o suficiente para ter um vestido preto no armário, pendurado e pronto para vestir).

SOBRE AUDÁCIA

No entanto os especialistas em moda insistem que gastar milhares por um pretinho básico é um bom investimento. Parece que não importa o aspecto do pretinho básico, porque essas duas palavras garantem que o vestido automaticamente é atemporal, mesmo se tiver mangas sino plissadas e renda Chantilly com aplicação de contas que evocam os momentos mais espalhafatosos da moda da década de 1980. Imagine só, as mesmas pessoas do ramo me disseram que as roupas da década de 1980 são hoje consideradas vintage. Como é que o que é atemporal pode ser também vintage? Eu achava que vintage era "velho mas ainda chique mas de um modo irônico" e atemporal presumidamente devia parecer ter sido criado e feito ontem.

Depois de pensar muito no assunto (tenho o cuidado de não gastar muito dinheiro em roupas que eu posso nunca usar, muito embora eu aja com o amazon.com como se ele fosse minha biblioteca, comprando uma porção de livros que provavelmente nunca vou ler), resolvi que eu podia comprar um casaquinho Chanel. Fiquei revirando a ideia na minha cabeça durante vários dias. Eu teria de lançar mão das minhas economias. Disse a mim mesma que seria um investimento, o que é mais do que pode ser dito sobre a minha insignificante conta de poupança com juros próximos de zero no Bank of America.

Somente na manhã de domingo, ainda de roupão, entrei no eBay. Minha experiência com o eBay não era boa. Anos atrás eu passei por uma fase de mania por pôsteres de filmes antigos e comprei o que imaginei ser um cartaz original de *Bonequinha de luxo*. Era uma pechincha, e ninguém fez lance maior que o meu. O meu "pôster" era, no final das contas, uma bela cópia colorida de 2m por 2,5m. A culpa foi minha. Eu era muito novata no assunto. Não verifiquei os comentários sobre o vendedor; eles revelavam que eu não tinha sido a única a ser tapeada. Mas eu estava disposta a tentar novamente.

Havia 217 casaquinhos Chanel em oferta. Fui imediatamente apresentada ao dilema Chanel-Chanel versus Lagerfeld-Chanel. Nas coleções de prêt-à-porter de Lagerfeld sempre há três ou quatro casaquinhos que são lindos, chiques e com aspecto suficientemente normal para que não haja necessidade de examinar toda a sua vida, a sua aparência e a sua filosofia pessoal antes de escolher um. Ser dona de uma peça Chanel-Chanel seria o mesmo que ser dona de um pedaço de história, mas infelizmente eu não tenho no meu corpo o gene de colecionadora — a minha coleção maior e única é um par de cinzeiros de restaurantes franceses famosos, um do La Coupole e um do Les Deux Magots, roubados diretamente das suas adoráveis mesas antes de eles terem butiques dentro do café — e assim eu não posso convocar rapidamente o entusiasmo suficiente (pelo menos no momento; fiquem ligadas) para me interessar em saber o que significaria ter um Chanel-Chanel.

Eu achava que qualquer casaquinho Chanel na minha faixa de preço (três dígitos é melhor do que quatro) e no meu tamanho me satisfaria, mas logo de saída vi que um casaquinho Chanel pode não me agradar. Eu não queria nada abotoado até o pescoço (muito Sergeant Pepper) e nem tampouco nada parecido com um *blazer* (muito corretora de imóveis). Depois de alguns minutos percorrendo as páginas, percebi que tinha nas mãos uma situação tipo Cachinhos Dourados. Um casaquinho era pequeno demais; o outro era pequeno demais e caro; o outro tinha o tamanho certo mas eu não gostava da sua cor ou não ficava bem com ela; o outro era do tamanho certo mas da coleção 08P, e portanto não era do tamanho certo (nada que faça parte de uma coleção P pode ser do tamanho certo) e não era interessante, especialmente custando 5.065 dólares. Então fiquei com uma dor de cabeça que latejava pressagiosamente numa das órbitas oculares, a mesma que me ataca quando estou preparando a declaração do imposto de renda.

E isso leva a outra questão — e assim que a expuser aqui, vou direcioná-la de volta para o canto mais distante, mais escuro e menos visitado da minha mente, como um noivo que reuniu números de telefone na sua festa de despedida de solteiro: O que é que eu estou fazendo? Que diabo eu estou fazendo? Só porque eu adoro Chanel, só porque eu tenho um grande respeito por ela, gostaria de imitar o seu estilo, a sua firmeza de caráter, a sua coragem e a sua inteligência (excetuando-se a parte difamadora, autocentrada, filonazista), é um absurdo achar que tenho dinheiro para comprar um Chanel.

Eu sou a consumidora média: tenho muitos cartões de crédito na minha carteira. Um deles me sugere a assinatura de uma revista mensal cujo único objetivo é me lembrar que existem por aí coisas estupendamente caras para comprar, artigos de luxo que teriam abandonado o meu radar se alguma vez fossem captados por ele.

Na véspera eu havia recebido o guia anual de elegância de um dos cartões. Folheando-o, vi um anúncio de gargantilhas de ouro e esmalte assinadas por Roberto Coin que custavam 19 mil dólares; vi também uma notícia sobre a nova bolsa "acessível" de Donna Karan, que custava 2.200 dólares (estamos numa época de crise econômica!). Havia cadeiras com *design* muito lindo nas quais ninguém gostaria de se sentar, cada uma delas custando cerca de 5 mil dólares. Havia os costumeiros anúncios de produtos Armani/Louis Vuitton/Rolex e dos hotéis Four Seasons. Pensei: tudo bem, pelo menos não sou uma fraude completa, na verdade tenho um casaco Armani de lã preta (comprado na liquidação da Barney) e um relógio Tudor (fabricado pela Rolex). Hospedei-me durante dez dias no Four Seasons das ilhas Maldivas (estava fazendo uma matéria para uma revista) e a equipe jamais me tratou como alguém que não era hóspede e simplesmente estava perambulando pelo hotel na esperança de usar o banheiro ou de dar um mergulho clandestino na piscina.

Então cheguei ao anúncio da Netjets, apresentando Bill Gates e Warren Buffett num jato Boeing particular. O homem mais rico do mundo e o segundo classificado (Carlos Slim, o magnata mexicano da telefonia celular, pode ser mais rico que Bill Gates mas não foi apresentado no anúncio). Os dois estavam em mangas de camisa num sofá em L de veludo cotelê, como o que temos na sala de televisão. Na mesa diante deles há um baralho e uma tigela de balas de goma, provando que o que sempre soubemos é verdade: eles são apenas dois tolos que gostam de jogar buraco e de comer bala de goma. Virei a página. Quando cheguei ao anúncio da temporada de polo — o esporte mais caro do mundo — em Buenos Aires, ouvi o grito me chamando de volta à realidade. Quem era eu para ficar *brincando* com essa história de Chanel?

Não há nada mais avarento do que expor preocupações sobre a realidade num livro que se ocupa de elegância e moda. Mas no momento em que escrevo isto eu tenho, entre outras coisas, uma filha que vai entrar na faculdade no ano que vem e o parco seguro saúde dos autônomos (leia-se: uma estadia em hospital por muitas horas significa ruína financeira). Além disso, é claro, temos a colossal crise do crédito, do mercado de ações e do *sub-prime*, que não me afeta muito, uma vez que a minha poupança para a aposentadoria se extinguiu há dez anos atrás — a maior parte dela estava investida na Pets.com ou algo do tipo.

De qualquer forma o problema é o seguinte: os estilistas que produzem peças mais baratas, que ainda assim custam mais do que um pagamento de hipoteca — esqueça a alta costura —, frequentemente tentam convencer o consumidor que compra Gap e jeans de que elegância não tem a ver com dinheiro. Talvez o que eles querem dizer é que ser elegante vale o dinheiro gasto, que o dinheiro não deve nos preocupar. Do contrário estão falando uma bobagem. Uma bolsa Kelly de crocodilo Hermès e um vestido preto de noite Chanel de renda bordada são objetos lindos de confecção perfeita e com materiais de alta qualidade. As imitações baratas são exatamente o contrário. Elas franzem, encolhem, esticam, deformam-se e irritam a pele, e da segunda vez que são lavadas desintegram-se na máquina. Elegância sempre tem a ver com dinheiro, e sempre terá.

※ ※ ※

## SOBRE AUDÁCIA

Da perspectiva de alguém que apenas esporadicamente pode superar os seus medos por meio de uma combinação de respiração da ioga e autoconvencimento, a pulsação forte, implacável, da coragem de Chanel é por si só responsável para justificar a sua beatificação, santa Coco, Padroeira do Jérsei.

Depois de ter visto que pôde quase sozinha (não nos esqueçamos das suas ajudantes — ela não poderia ter conseguido o que fez sem as suas formiguinhas) derrubar a instituição do chapéu-travessa de 10 quilos, substituindo-a pelos seus insolentes chapéus de gondoleiros da loja de departamentos, Chanel resolveu que podia fazer a mesma coisa com toda a moda feminina. *Pourquoi pas?* Por que não? Era o mesmo princípio, apenas numa escala maior. Ela era como uma rainha guerreira invadindo um pequeno país como treinamento para atacar um outro maior.

Era o verão de 1914, o difícil primeiro verão da Primeira Guerra Mundial, e todo mundo que podia, saía de Paris para ir à Deauville, um balneário de luxo na costa nordeste da França, conhecido pela pista de corridas de cavalo, pelo magnífico cassino e os belos hotéis. Chanel (com a ajuda financeira de seu amante, Boy Capel) abriu a Chanel Modes na rua principal entre o hotel mais luxuoso e o Grand Casino, e ali começou a vender saias e encantadores casaquinhos.

Uma afortunada onda de calor em julho e aquele sentimento de "estou de férias, então qual o problema?", levou elegantes senhoras da sociedade (com fabulosos nomes de gente rica, como princesa Baba de Faucigny-Lucinge e Pauline de Saint-Sauveur) a entrarem na loja de Coco para ver suas peças leves, confortáveis, que logo seriam conhecidas como roupa esportiva, embora o único "esporte" que as mulheres praticassem na época fosse uma voltinha de bicicleta, entre uma ida às lojas e um passeio de automóvel.

A criação do encantador casaquinho tem origem na sabedoria de Chanel, que é igualmente encantadora. Certo dia Chanel estava perambulando pelo estábulo ou pelas pistas, ou passeando pela praia, e pediu emprestado o pulôver de seu namorado Capel. A relação do casal era assim, íntima e amigável. Ela podia pedir as roupas dele emprestadas e Capel, um iconoclasta por natureza, não via nisso nada de extraordinário. Mas para vestir o pulôver — que coisa mais chata era enfiar aquilo pela cabeça — é de se imaginar que primeiro ela teria de tirar o seu atrevido chapeuzinho de gondoleiro —, e assim ela simplesmente pegou uma tesoura, abriu o pulôver ao meio, de alto a baixo, pôs nele um cinto e pronto. Como a tesoura e o cinto apareceram milagrosamente no estábulo/pista/praia é um desses mistérios chanelianos que nós simplesmente aceitamos. Seu amigo Paul Morand (romancista, diplomata, modernista, amigo de Proust) confirma a observação de que ela "fazia o seu guarda-roupa em resposta às suas necessidades, do mesmo modo que Robinson Crusoé construiu a sua cabana".

Foi preciso coragem para introduzir roupas fáceis de usar numa época em que "roupas" e "fácil de usar" são palavras que nunca haviam aparecido juntas numa frase. No final da Belle Époque o espartilho em forma de S havia desaparecido, porém a modalidade alongada, não tão apertada mas que descia até os joelhos para um efeito de adelgaçamento, estava em uso, e os trajes femininos ainda eram um cruzamento de roupa com armadura. As mulheres se vestiam toda manhã com um disfarce feminino, com roupas criadas para agressivamente sugerir feminilidade ao mesmo tempo em que escondiam as formas da mulher.

Assim, Chanel, a jovem chapeleira que ainda usava o mesmo sabão antifrivolidades utilizado pelas freiras do orfanato e já tinha em seu histórico um conceito insolente bem recebido, resolveu expandi-lo. Ela resolveu que em vez de disfarçar as mulheres como mulheres, já era hora de criar roupas que lhes permitissem desenvolver o conceito.

Os historiadores diferem quanto a como Chanel fez para dar esse gigantesco passo à frente. Alguns dizem que ela estava inocentemente pondo um delicado pé diante do outro e que passar dos chapéus para a roupa era a coisa óbvia a acontecer em seguida; outros acham que ela era uma empresária esperta com um plano que já fora gestado — essa é a minha suposição — durante todas aquelas horas ociosas em Royallieu enquanto ela ajudava os cavalariços de Étienne Balsan a cuidar dos puros-sangues (como sabe qualquer pessoa que já tenha tido cavalos, para cada hora passada na sela há horas e mais horas passadas acalmando, dando banho, escovando, limpando os cascos etc.). Resolvi acreditar nessa última hipótese, de que ela era uma garota de Auvergnat (embora não tendo nascido ali), esperta e determinada a conquistar o mundo do seu próprio jeito, e não uma miúda engraçadinha que simplesmente caiu de paraquedas no sucesso monumental numa época de mudanças.

De qualquer modo ela teve uma grande ideia num momento em que precisava de uma grande ideia. Chanel sempre pareceu jovem e se fazia passar por mais jovem ainda. Se pudesse ter continuado indefinidamente fazendo-se passar por uma garota de 18 anos, teria feito isso. Em 1914, aos 31 anos, ela já passara uns poucos anos da idade em que as mulheres que não tinham se casado e não eram mães eram vistas como "supérfluas". Com sua tática as coisas não mudaram muito. Ou melhor, mudaram cerca de quarenta anos depois, quando se passou a pensar que a mulher precisava de um homem como um peixe precisava de uma bicicleta, e depois elas mudaram novamente. Ter 31 anos e estar solteira é a mesma tragédia hoje como era cem anos atrás, na época em que dirigir era considerado um esporte. De qualquer modo o destino de Chanel ainda não estava garantido. Só por ter um negócio próspero no ramo da chapelaria, isso não significava que ela seria abandonada por Capel (como acabou sendo) e deixada sem marido, sem família e sem dinheiro.

❋ ❋ ❋

Quando temos uma grande ideia, uma ideia que pode salvar a nossa vida, quase todas nós imediatamente fazemos dela o nosso bebê. E como os nossos bebês reais, queremos que ela tenha o melhor. Nós a amamos e a paparicamos. Ela é a nossa grande ideia, e quem sabe quando teremos outra! Queremos implementá-la na hora certa com os melhores materiais possíveis. Queremos esperar até quando tudo lhe for favorável.

Mas a coragem de Chanel lhe determinava o contrário. Ela ia reinventar o guarda-roupa feminino, e ia fazer isso imediatamente e com o que estava à mão. E o que estava à mão era o jérsei, considerado na época o material mais reles possível.

Se o mundo dos tecidos fosse o grupo de rapazes da escola, o jérsei seria o garoto sem carisma, o *nerd* quase invisível que todo mundo evitava no recreio. Elástico, aderente e barato, o jérsei vinha em cores como bege, bege-médio, bege-claro e bege ainda mais claro. Era o oposto da seda, da lã, da caxemira, do tule e de outros tecidos finos que podiam, no mínimo, sustentar a sua própria forma.

Como foi que Chanel resolver usar esse primo pobre dos tecidos? O folclore em torno de Chanel tem mais de uma versão. A primeira é que ela conseguiu um preço sensacional para um lote de jérsei com um fabricante de roupas masculinas — o destino natural desse tecido — que resolveu não usá-lo. Segundo outra versão, o aluguel da Rue Cambon estipulava que ela só poderia fazer chapéus, porque já havia outro costureiro no quarteirão; mas como o jérsei não era um tecido usado para fazer roupas femininas, as primeiras jaquetas, saias e conjuntos de Chanel não eram considerados roupas, e portanto não violavam os termos do seu aluguel (não vou tentar analisar a lógica burocrática francesa).

Se as coisas não tivessem dado tão certo, Chanel poderia facilmente ter sido considerada uma doida e seus conjuntos de jérsei poderiam ter sido rejeitados, como aconteceu com os chapéus de pedaços de latas de cerveja ligados por crochê, surgidos no início do século XX, ou os minivestidos descartáveis feitos de jornal que estiveram em moda durante um segundo na década de 1960.

SOBRE AUDÁCIA

Mas Chanel tinha uma fé inabalável na sua intuição e a certeza de ter um gosto impecável. E seu gosto era mesmo impecável (quase sempre), porque ela acreditava nisso. Seu gosto era pura ousadia. Quando ela lançou a sua coleção naquele verão antes da guerra, suas habilidades de costureira eram quase inexistentes. Ela sabia fazer chapéus e sabia explicar para os outros (ou seja, as mulheres que ela contratava e que, estas sim, tinham habilidades de costura) o que ela queria.

É possível que a coragem de Chanel não fosse tão formidável quanto parece. A história da alta costura e dos artigos de luxo é povoada de *designers* que nasceram num casebre de beira de estrada ou, como Chanel, sofreram traumas na infância bem ao estilo de Dickens. Para cada Miuccia Prada[9] e Pucci[10] há um Giorgio Armani, que cresceu numa cidadezinha perto de Milão tão agressivamente bombardeada pelos aliados durante a Segunda Guerra Mundial que ele perdeu todos os seus amigos num único dia. Num outro dia um cartucho de espingarda que encontrou na rua explodiu quando ele se inclinou para dar uma olhada. Ele passou quarenta dias na ala de queimados e ainda tem as cicatrizes. Madeleine Vionnet, contemporânea de Chanel e "rainha do corte enviesado", nasceu na sujeira e na pobreza em Chilleurs-aux-Bois, em Loiret. Sua família a fez aprender os fundamentos da costura aos 11 anos; aos 18 ela já havia se casado e se divorciado, e estava trabalhando num hospital de Londres como costureira, consertando roupa de cama rasgada. Louis Vuitton veio de uma família de agricultores nas encostas dos Alpes franceses; aos 13 anos saiu de casa e foi para Paris, onde trabalhou como ajudante de estábulo até conseguir aprender a fazer malas. Em 1854, com nada além das suas ideias sobre como se devia construir uma boa mala,

---

9 Doutora em ciência política, ex-membro do Partido Comunista Italiano e ex-mímica.
10 Também conhecido como marquês de Barsento, nascido numa das famílias mais antigas e mais nobres da Itália. Recebeu uma bolsa para esquiar pelo Reed College, onde obteve o seu mestrado em 1937.

ele abriu a sua primeira loja, na Rue des Capucines. Thierry Hermès ficou órfão aos 15 anos, depois de seus parentes e irmãos terem morrido de diversas doenças durante as Guerras Napoleônicas. Andou vagando um pouco e depois se estabeleceu na Normandia, região que concentra os criadores de cavalos da França, onde aprendeu a fazer arreios. Em 1837 ele abriu a sua própria loja em Paris (perto da Vuitton) e seguiu em frente, fabricando os mais belos arreios, selas e posteriormente — isso mesmo — bolsas.

Fica-se tentado a pensar que o gene da coragem de impor ao mundo uma visão pessoal da beleza é localizado no cromossomo que também determina a capacidade de criar um objeto simples, belo (uma bolsa, um chapéu, um vestido), para o qual todas as pessoas do mundo pagarão quantidades assombrosas de dinheiro.

Os biógrafos de Chanel supõem que ela era capaz de ousar tanto quanto ousou porque não tinha nada a perder, querendo com isso dizer que ela não tinha família, marido, nome e nem dinheiro. Outra coisa que ela não tinha era segurança. Se seu negócio fracassasse, ela perderia o patrocínio de Balsan e de Capel, que não tinham a menor obrigação de ajudá-la. Ao contrário de Blanche Dubois, ela não contava com a bondade de pessoas estranhas, mas com a bondade de *homens de negócios*, o que envolve muito mais risco.

A moral da história do "Uso do Jérsei Quando o Bom Senso Diz para Usar Lã ou Algo Mais Sensato" é dupla. Primeiro, quando se trata de usar a sua coragem e dar o passo importante, ousado e aparentemente estranho, fazendo isso a partir de uma situação precária na vida, essa não é apenas uma boa ideia: é a *melhor* ideia. A própria precariedade pode, na verdade, ser uma fonte de força. Chanel não estava disposta a esperar para lançar a sua grande ideia; às vésperas da guerra, numa cidade relativamente atrasada (Deauville era chique, mas não se comparava a Paris), nasceu a moda moderna.

❇ ❇ ❇

## SOBRE AUDÁCIA

Talvez não seja tão incomum mostrar coragem quando estamos no início da nossa profissão. Ao nos tornarmos advogados, professores, *web designers*, cabeleireiros, há desafios que precisam ser enfrentados, portas a serem transpostas para chegarmos ao nível seguinte. Há travessias, afirmações de fé exigidas e momentos em que é preciso uma ideia nova (jérsei!), e no ar é o lugar em que somos forçados a procurá-la.

Mas Chanel era intrépida em outra frente. Durante a sua longa vida ela disse o que pensava. Caso isso não lhe pareça uma coisa tão fantástica, pense na quantidade de livros que falam sobre a aparente incapacidade das mulheres de falar abertamente, de negociar, de insistir com as suas ideias quando sentem que não estão lhe dando atenção. "The Daily Asker" é um blog popular em que a blogueira tem o objetivo de perguntar alguma coisa todo dia. Sim, as mulheres choram e as mulheres se enfurecem, mas continuam lutando para dizer o que está na sua cabeça.

Chanel não era apenas uma pessoa que dizia o que pensava. Ela era uma desaforada, uma mulher que gostava da própria intratabilidade. Um dos cuidados que ela deixou de ter quando resolveu ser alguém e não uma coisa foi o de deixar de manifestar sem peias os seus pensamentos e sentimentos, para não ofender. Na verdade ela não ligava a mínima.

É famosa a observação de Stendhal (autor de *O vermelho e o negro*, ele também uma pessoa que estava à frente do seu tempo) de que o modo de ofender um parisiense é chamá-lo de bondoso. Quanto a isso não há chance de ofender Mademoiselle Chanel. Ela podia ser implacável na sua honestidade e muitas vezes era decididamente má. Ao contrário da maioria das americanas, ela nunca foi tentada a dar vazão ao seu cão labrador interior para agradar às multidões. Embora fosse uma namoradora magistral, nunca sentiu necessidade de ser dócil a fim de compensar a sua riqueza e fama.

Certa vez, no final da década de 1920, quando Chanel era a rainha da Paris chique após ter criado o famoso vestido preto, e depois da Exposition des Arts Décoratifs et Industriels Modernes onde seu rival Paul Poiret havia arruinado o que ainda restava da sua carreira brilhante e errática mostrando roupas opulentas que iam até o chão, em prata, lamê, tafetá de veludo e *chiffon*, numa proposta que absolutamente não se enquadrava no tom "moderno" da exposição, Chanel cruzou com ele na calçada. O pobre Poiret não apenas deixara de ser apreciado; suas finanças também estavam em ruínas. Além das roupas caras, fora de moda, que acabara de mostrar na Expo, ele havia insistido em exibi-las num trio de barcaças iluminadas com luz elétrica, a um custo astronômico. Antes disso, numa tentativa de resgatar sua reputação e combater a teimosa dedicação de Chanel à simplicidade, ele até criou vestidos iluminados por dentro com lampadazinhas minúsculas. Enfim: ele estava embaixo e ela estava em cima. Ele estava acabado e ela estava no auge. Quando o encontrou na calçada, naquele dia, não lhe teria custado nada ser amável com ele.

Ao ver Chanel no seu conjuntinho preto com gola e punhos de escolar, Poiret perguntou sarcasticamente:

— Está de luto por quê, Mademoiselle?

— Pelo senhor, caro Monsieur — disse ela.

A inteligência de Chanel não era amável e sim combativa; ela era Dorothy Parker com uma tesoura na mão. Além da sua má vontade francesa em ser agradável e do seu complexo de Cinderela, ela carregava a indignidade de ser uma simples costureira. Embora estivesse se tornando um sucesso, com os seus chapéus sendo usados quase exclusivamente por grandes atrizes, e estar expandindo seu negócio para Biarritz e Paris (em 1917 ela já estava com cinco oficinas; numa delas, sessenta costureiras trabalhavam em roupas apenas para a Espanha), ela era constantemente humilhada pelas mulheres aristocráticas que pagavam quantias astronômicas pelas suas roupas. Elas passavam horas experimentando um conjunto na sua loja e no dia seguinte fingiam não vê-la quando cruzavam com ela nas corridas. Isso não era incomum. As costureiras eram consideradas comerciantes, nada melhores que os marceneiros e os amoladores de facas. Charles Worth, considerado o pai da alta costura, atravessava a rua ao ver uma cliente, para não deixá-la na situação embaraçosa de ter de ignorá-lo.

Então apareceu Chanel com suas roupas limpas, frescas, e a sua recusa a engolir ofensas. Ela era encantadora, mas não se autocensurava. Zombava dos maridos das suas clientes e dizia: "Aqueles duques pretensiosos eram todos iguais. Eram altos, bonitos e esplêndidos, mas por trás disso tudo — nada; só vodca e vazio". De Colette, que não parava de engordar, ela dizia: "Colette preferia duas salsichas grelhadas ao amor". Dizia que Picasso era "aquele espanhol com o chapéu".

O resultado de todo esse descomedimento verbal não é o que imaginaríamos. Em vez de afastar as pessoas, a dedicação de Chanel ao pensamento independente, expresso em voz alta, atraía-as para ela, tornava-a interessante. Ela simplesmente não tinha tempo, energia e nem inclinação para se importar com o que as pessoas pensavam dela. A vida era séria. Ela era séria. Definia luxo como liberdade (veja o capítulo 12), e passar a se autocensurar, a se tornar agradável aos outros, seria se privar do luxo. Mesmo quando se tornou uma mulher muito velha e muito rabugenta, Chanel era adorada. Axel Madsen encerra a sua soberba biografia de Chanel com uma observação amável e sem maldade feita por Colette, aquela que gostava de salsichas: "É nos recônditos do seu trabalho que vamos encontrar essa conquistadora amável".

Estou insinuando então que não vale a pena ser uma grande megera (ou, no caso dela, uma megera miúda e chique)? Sim, estou.

※ ※ ※

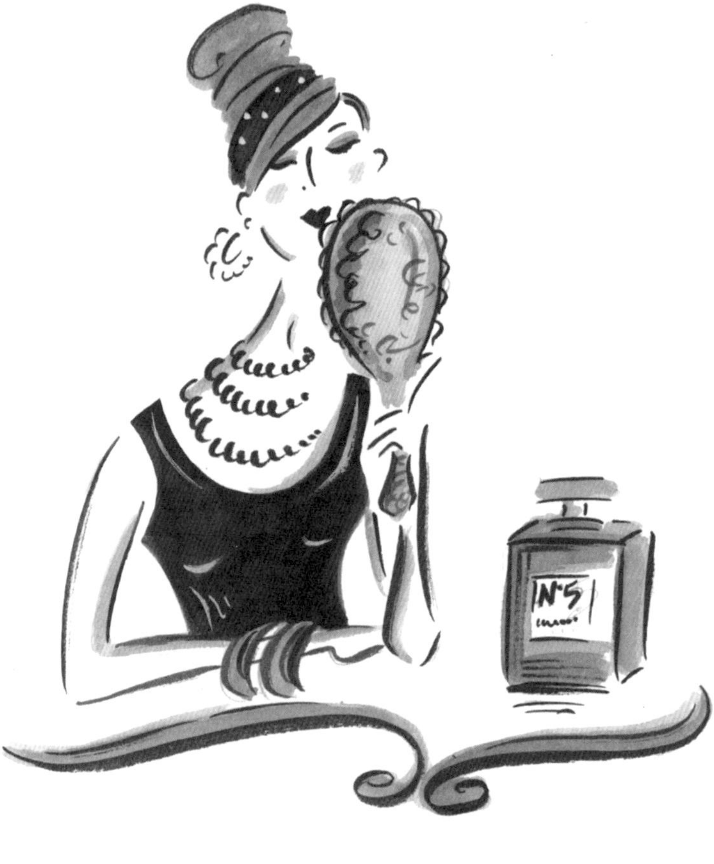
N°5

# 4

# SOBRE SOBREVIVER À PAIXÃO

*"Os grandes amores também precisam ser suportados."*

Como acontece com uma porção de ícones culturais, a vida amorosa de Chanel foi, pelos nossos queridíssimos padrões de amorcasamento-carrinho de bebê, um tanto superficial. Ela se *apaixonou* apenas uma vez e nunca se casou. Embora conseguir se casar não seja garantia de que você sabe o mínimo sobre as complexidades de amar e ser amada, deixar de assumir esse compromisso final indica que de certo modo você nunca chegou à primeira divisão. Se você é mulher, isso indica que alguma coisa em você estava profundamente errada ou, paradoxalmente, *certa*. Afirma-se que ser bem-sucedida demais, bonita demais, inteligente demais e *sexy* demais também faz os pretendentes em perspectiva fugirem em disparada em busca de um terreno romântico menos desafiador.

Além disso não se contesta o sentimento profundamente enraizado — embora equivocado — de que quanto mais duradouro o casamento, tanto mais feliz ele é. Isso é o mesmo que avaliar o sabor de uma comida pela extensão do seu prazo de validade. Segundo essa lógica, um repolho é mais gostoso que uma framboesa, e as pastilhas duras (que têm vida útil de vinte anos) são mais apetitosas do que uma trufa de chocolate. Chanel disse: "Eu não gosto de *grapefruit* e nem do que é cultivado em estufa. As frutas têm de ser comidas na estação". Sua filosofia sobre o amor era semelhante.

O lado romântico de Chanel pode ter querido se casar, mas na distribuição dos componentes da sua personalidade esse desejo ocupava um espaço mínimo, comparado com seu lado empreendedor que comandava 2.400 costureiras em 56 oficinas, que criou duas coleções por ano e lançou um império de perfumaria, que inventou o conceito de semijoia, aprendeu a pescar com iscas artificiais e criou cavalos de corrida, apresentando-se sempre fantasticamente. Chanel disse certa vez: "As pessoas se casam para ter segurança e prestígio. Não estou interessada em nada disso". Ela não estava interessada em nada disso porque já tinha tudo isso. E assim ela queria o amor em si, permanecendo naquela parte do mapa romântico em que termina o mundo conhecido e está escrito: "Aqui há dragões".

Embora no mundo ocidental nos casemos quase sempre por amor, nossa vida amorosa ainda é frequentemente colorida pela necessidade/desejo/preferência por fisgar um homem que possa comprar para nós uma casa numa rua boa e nos dar a liberdade de deixarmos o emprego quando nascer o bebê (além disso, é claro, ele terá um grande senso de humor e secretamente adorará as comédias malucas e o que quer que nós achemos irresistível).

Chanel teve um grande amor, e, correndo o risco de falar como a minha mãe, devia ter se considerado afortunada; muitas pessoas (até as que tiveram casamentos bem-sucedidos) não chegam a ter nem um único. Chanel e Arthur "Boy" Capel conheceram-se em 1905. Ela estava morando há anos em Royallieu quando o galante inglês jogador de polo, velho amigo de Balsan, apareceu um dia para ver os cavalos e imediatamente foi atacado por ela. Ao contrário de Balsan, que ignorava as ambições de Chanel — o que ele fizera, estabelecendo-a naquela sua bobagem de produção de chapéus, já não havia sido suficiente? —, Capel prestou atenção nela. Ficou fascinado. Era um homem do mundo, um industrial de Newcastle que fizera uma pequena fortuna exportando carvão e faria uma fortuna ainda maior durante a Primeira Guerra Mundial fornecendo combustível aos aliados.

Os amigos de Capel e o resto dos proprietários de terras endinheirados achavam-no excêntrico por gostar do trabalho tanto quanto do lazer. Ele era bonito e carismático. Ao contrário de muitas figuras históricas que nas fotos nunca aparecem tão sensuais quanto se afirma que elas foram na sua época (são sempre gordos demais ou magros demais ou olham para a câmera com uma expressão carrancuda, precisando desesperadamente de um *personal stylist*), as fotos de Capel mostram que ele era *sexy*, musculoso e de cabelo escuro. Ele faz lembrar Colin Farrell ou James McAvoy em *Desejo e reparação* (uma distinção necessária, já que McAvoy também fez o papel do fauno sr. Tumnus em *As crônicas de Nárnia: o leão, a feiticeira e o guarda-roupa*).

De acordo com o chanelore, Chanel trocou Balsan por Capel em uma noite na sala de estar de Royallieu. Os três estavam tomando um porto e Chanel, com a confiança estimulada pelo vinho e pela atenção de Capel, falou em abrir uma butique. Ela vinha fabricando e vendendo chapéus no apartamento de Balsan em Paris mas queria expandir seu negócio. Balsan revirou os olhos, cansado da recusa de Coco em ser feliz com o que tinha. Capel o repreendeu, defendendo o talento de Chanel, sua inteligência brilhante, sua capacidade de fazer um negócio dar certo. Ele estava apaixonado.

De um modo francês e com perfeita urbanidade negociou-se a mudança. Alguns relatos dizem que Balsan desistiu do seu interesse por Chanel no dia em que ele estava se sentindo eufórico porque dois dos seus cavalos venceram as corridas em Le Tremblay e, segundo alguns relatos, ele subitamente achou que precisava ir para a Argentina resolver uma questão relacionada com o polo. Enquanto ele estava viajando, Chanel foi para Paris com Capel (nessa versão existe uma simbólica sacola de limões que Balsan leva da Argentina para Chanel, e quando ela a abre, todos os limões estavam podres).

De acordo com a versão que Chanel dava para os acontecimentos, não houve nenhuma troca na sala de estar. Em vez disso Balsan, esperando aliviar o tédio de sua amiguinha, convidou-a para uma caça à raposa em Pau, nos prados altos dos Pirineus, perto da fronteira espanhola. Ali ela conheceu e se impressionou com Capel, que estava maravilhoso num paletó de caça vermelho, cavalgando o seu animado cavalo árabe. Ele também se encantou. De vez em quando eles deixavam furtivamente o grupo, galopando pelas colinas verdes-esmeralda, saltando os riachos claros e, obviamente, apaixonando-se. No final da excursão, Chanel informou-se sobre o horário em que o trem de Capel sairia da estação e, sem levar consigo uma única peça de roupa, foi esperá-lo ali, embora não soubesse se ele a aceitaria. Ao vê-la, ele abriu os braços e a união dos dois estava selada.[11]

Os jovens amantes mudaram-se para Paris, onde viveram tranquilamente na elegante Avenue Gabriel, próxima dos Champs-Elysées. Pela primeira vez na vida, Chanel estava na cabana do amor, esse lugar quase mítico onde as cores são mais vivas, a comida tem melhor sabor, as pessoas são mais interessantes, enfim, a vida é magnífica! Ela havia encontrado um homem que estava atraído pela sua beleza incomum e pela sua inteligência ágil, que a via como algo mais que a sua *petite amie*. E ele havia encontrado uma mulher que o encantava: ela era impetuosa, divertida, e tinha aquele perfil aristocrático (como veremos mais adiante, ele estava muito impressionado com a aristocracia).

Capel trabalhava muito, mas de noite levava Chanel à Opera e ao Maxims. Ela estava deslumbrada, mas tímida. Chanel se tornaria o símbolo global do chique parisiense, mas aos 27 anos era ainda uma órfã provinciana cuja reivindicação à fama era sustentada unicamente por cavalgar os puros-sangues de um homem bem-nascido e produzir uns chapéus engraçadinhos, incomuns.

---

11 Quem conhecia bem Chanel revirava os olhos ao ouvir esse melodrama; a mulher que achava que você estaria perdida se saísse de casa sem perfume jamais subiria num trem sem uma valise.

Chanel não abriu imediatamente a sua loja na Rue Cambon. Apesar da convicção de Boy na sua visão e no seu brilho, ele estava muito ocupado ganhando os seus próprios milhões, e Coco passou um ano inteiro sentada no apartamento passando esmalte nas unhas. Finalmente ele tomou a iniciativa de financiar a loja quando percebeu que o tédio de Chanel com os chapéus ameaçava a felicidade dos dois.

Ele disse à sua confidente Elisabeth de Gramont (também conhecida como duquesa de Clermont-Tonnere, amiga de Proust e amante de Natalie Clifford Barney, a grande figura dos salões literários) que "não é difícil fazer os corações baterem em uníssono, mas as mãos em dois relógios diferentes eram outro problema".

Em 1910 a Chanel Modes foi inaugurada no número 21 da Rue Cambon[12], e em 1912 Chanel começou a vender suéteres, saias e uns poucos vestidos. A *socialite* Suzanne Orlandi foi a primeira mulher a usar um original de Chanel — um vestido de veludo preto com uma gola de pétalas brancas. No verão de 1913 Capel financiou a abertura da loja de Deauville. Georges Goursat Sem, o caricaturista do momento, fez uma charge de Chanel num vestido cor-de-rosa, com uma caixa de chapéu com listras verdes e brancas balançando na altura do seu cotovelo, abraçada por Capel, representado como um centauro vestindo uma roupa preta de polo que acabara de arrebatar um dos seus chapéus insolentes e o equilibrava no alto do seu taco. Eles eram o casal Brad e Angelina da época, sem aqueles filhos todos.

Será que eles poderiam ter se casado e vivido felizes para sempre? Capel era um namorador entusiasta, mas Chanel não era do tipo ciumento. Ela achava que as diversões dele eram um hábito tão desagradável quanto roer unhas avidamente. Ela o adorava; considerava-o não só seu amante como também sua família.

O malogro da relação foi shakespeareano: logo que começou a ter lucro, ela lhe devolveu o dinheiro. Não poderia ter agido de outro modo;

---

12 Em 1928 Chanel mudou a sua casa de moda para o número 31 da Rue Cambon, onde ela ocupava três andares.

seu instinto para o bom negócio superava todos os outros instintos, inclusive aquele que diz que a maioria dos homens convencionais precisa de mulheres que precisem *deles*. No dia em que lhe entregou o dinheiro, ela disse: "Sei que eu te amo de verdade, mesmo sem precisar de você".

A reação inicial de Capel foi de ciúme, mas com o tempo, sem que nenhum deles percebesse o que estava acontecendo, a ligação dos dois começou a se deteriorar. Ele trabalhava; ela trabalhava.

A ambição de Capel sempre guiava o seu comportamento. Por mais que estivesse encantado com Chanel e com a sua transformação, ele precisava de uma mulher mais tradicional para poder melhorar a sua situação; ele só poderia adquirir uma posição segura na aristocracia casando-se com uma das suas herdeiras.

No inverno de 1918 Capel ficou noivo de uma jovem desinteressante (pelos padrões de Chanel), Diana Lister Wyndham. A fábrica de boatos disse que quando percebeu que Capel nunca se casaria com ela, Chanel arquitetou o casamento dele com uma mulher que não representasse uma ameaça, uma mulher que satisfizesse as suas ambições sem se apossar do seu coração. Chanel e Capel continuaram se vendo depois do casamento.

Alguns dias antes do Natal de 1919, no trajeto de Paris para Cannes, o pneu do carro novo de Capel estourou e ele morreu no choque violento que se seguiu. Estava com 38 anos. Um amigo comum chegou no meio da madrugada para dar a notícia. Chanel se vestiu e mandou trazerem o carro. Seus instintos eram sempre tácteis; ela precisava tocar alguma coisa para assimilá-la. O acidente havia acontecido na estrada que vinha de St. Raphael. Chanel e seu motorista chegaram ao local quando o sol estava nascendo na Cote d´Azur. Ninguém havia mexido em nada. Chanel desceu do carro e pôs as mãos no para-lama. Então se sentou e chorou.

Depois da morte de Capel, Chanel deu ordens para que a mobília do seu quarto fosse coberta com tecido preto. Mandou fazerem lençóis pretos para a cama e cortinas pretas. Estava determinada a se entregar ao luto do modo mais completo possível. Mas no dia em que a redecoração ficou pronta, ela descobriu que não podia dormir num lugar tão deprimente. No final das contas ela era uma camponesa com espírito prático; o conjunto todo negro era histérico demais e exagerado. Então Chanel pediu a Joseph, o mordomo, que fizesse a cama dela em outro quarto.

Diana Wyndham era a viúva oficial, mas Chanel se sentia viúva. Capel não somente a havia amado; ele acreditara no seu talento quando ninguém mais acreditava. Chanel pode ter contribuído na invenção da mulher moderna, mas era produto de uma era em que as mulheres tinham duas opções: tornarem-se esposas ou tornarem-se sustentadas. Capel a havia amado como mulher e como alguém que tinha algo a oferecer. Ele a havia lançado e a respeitava o suficiente para aceitar o dinheiro dela quando chegou a hora de reembolsar o seu investimento. Ela nunca mais o veria. Para se consolar, ela tornou a viúva, Madame Capel (que posteriormente voltou a se casar e passou a ser a condessa de Westmoreland), sua cliente.

A partir de então a sua atitude em relação ao amor mudou. Ela ainda compunha rapsódias sobre o tema — isso fazia parte do seu credo cultural como francesa —, mas os homens tornaram-se uma espécie de *hobby*, como os cavalos de corrida. Prendiam a sua atenção. Divertiam-na. Ofereciam-lhe companhia. Havia o sexo, claro, mas nunca mais ela viveu a queda-livre do amor.

❋ ❋ ❋

Os gracejadores dos jornais locais referiam-se a Chanel como "a mulher que força seu coração a permanecer calado". Seu coração não estava calado, exatamente. Depois da morte de Capel ela apenas ficou menos interessada no hino aos seus desejos. O que não equivale a dizer que ela não estava interessada nos homens. Os campeões do seu estábulo incluíram os seguintes:

## Grão-duque Dmitri Pavlovitch
*Paixonite, diversão e amigo*
*1920-1923*
Pavlovitch era um aristocrata profissional empobrecido, oito anos mais moço que Chanel. Ela o conheceu em Biarritz depois do desmoronamento da Rússia czarista em 1917. Alto, loiro e bonito, ele era primo do czar Nicolau II e um dos três conspiradores implicados no assassinato de Rasputin (o grão-duque envenenou o bolo). Apaixonado por jogos, contava histórias encantadoras de quando ele bebia com Tolstói. Deu a Chanel pérolas dos Romanov e encanto eslavo suficiente para durar por toda a sua vida. Ela adorava nele o senso de luxo inato e sem dinheiro; ele adorava nela o dinheiro e o senso de luxo adquirido. O caso dos dois terminou porque ela se cansou da sua falta de dinheiro. Ele acabou se mudando para Palm Beach, na Flórida, onde se tornou vendedor de champanhe.

## Hugh Richard Arthur Grosvenor, Segundo Duque de Westminster, conhecido também como Bendor
*Amante e companheiro à sua altura*
*1925-1930*
O duque de Westminster era o homem mais rico do mundo. Chanel o conheceu em Monte Carlo quando ela estava no auge da celebridade. Gostou da sua esportividade amável, sem complicações, da sua personalidade infantil resultante do fato de ele nunca saber quanto custa alguma coisa. Ele gostou dela porque ela era uma fera exótica, a mulher "que se fez por si mesma"; e gostou também dos seus dotes na equitação[13]. Cortejou-a dando-lhe safiras inteiras, não lapidadas, do tamanho de um punho, abrigadas em cestas cheias de legumes de estufa colhidos na sua propriedade gótica (tão extensa

---

13 Salta aos olhos a maior lição de vida contida neste livro: saber cavalgar sempre impressiona os homens.

que era preciso um dia para percorrê-la de carro) e que lhe foram entregues em Paris pelo Príncipe de Gales, que Chanel julgou ser um entregador. Ele mandava diariamente um criado pessoal passar a ferro os cordões dos seus sapatos e certa vez encomendou ao poeta Jean Cocteau, que estava precisando desesperadamente de dinheiro, a biografia dos seus cachorros. Tudo indicava que Chanel e o duque eram um par formado no Céu da meia idade (ela estava com 42 anos e ele com 46), pois as pessoas supunham que apenas um homem mais rico que Chanel toleraria a grandeza dela. Ele a ensinou a pescar com iscas artificiais, atividade pela qual ela se apaixonou, e levou-a no seu iate, *The Flying Cloud*, em longos cruzeiros pelo Mediterrâneo. Chanel não nadava e achou o mar um tédio. Além disso ele lhe deu um talão de cheques da sua conta (é possível que ele também fosse dono do banco). Ela devolveu imediatamente o talão sem ter emitido um único cheque. Apesar do *high society* e do transbordante rio de dinheiro, no final foi a mesma história. Chanel pode ter sido um gênio capaz de adivinhar as necessidades estilísticas e práticas das mulheres e de preenchê-las, mas quando se tratava de amor, suas dificuldades se pareciam com as da mais simples costureira do seu ateliê. Bendor a enganava. Bendor mentia. Bendor não entendia por que Chanel não queria vender seu negócio e tornar-se a terceira duquesa de Westminster (segundo se afirma, ela lhe respondeu que "Qualquer mulher pode ser duquesa, mas Chanel há apenas uma"). Ele continuava enganando-a e mentindo para ela. Mais para o fim do caso, ele convidou a sua mais nova amante para se juntar a ele e a Chanel no *The Flying Cloud*. Chanel, humilhada e furiosa, expulsou no primeiro porto a intrusa. Bendor, devidamente castigado, deu a Chanel um colar de pérolas magníficas ou talvez outra safira, que ela atirou no mar.

### Pierre Reverdy
*Amor não correspondido*
*Década de 1920 (não há consenso sobre o período preciso)*
   Reverdy era um poeta torturado, amigo de Picasso, Matisse, Louis Aragon e outros surrealistas que se tornaram ricos e famosos, deixando-o para trás. Ele rangia os dentes com inveja, revolta e aversão, e seu trabalho lhe garantia apenas uma situação de vida muito precária. André Breton referia-se a ele como o maior poeta da época. Reverdy não deixava Chanel fazer por ele o que Boy Capel havia feito por ela — ou seja, financiar o seu talento (embora tenha aceitado uma pequena ajuda de custo regular). Era casado com uma mulher jovem e linda chamada Henrietta e com ela se mudou para uma abadia trapista, onde se tornou padre leigo. Chanel adorava o seu humor melancólico, sua alma poética e o fato de ele não poder ser dela. O maior presente de Reverdy para ela não foi o seu amor, e sim a orientação que ele lhe dava sobre redação. Chanel adorava uma frase em bom estilo tanto quanto adorava uma manga perfeita. Ele a fez voltar-se para as *Sentences et Maximes* de La Rochefoucauld e a incentivava a ler um pouco toda noite para adquirir a habilidade de formular uma boa máxima. "A verdadeira generosidade significa aceitar a ingratidão", disse ela. Chanel sempre aprendia rápido.

### Paul Iribe
*Tipo companheiro temperamental, artista visual e quase noivo*
*1933-1935*
   Iribe era um caricaturista basco que também trabalhara numa certa época como designer do rival de Chanel, Paul Poiret. A petulante Colette disse que ele era "gordo como um capão". Com Jean Cocteau, amigo de Chanel, Iribe criou uma revista, *Le Mot*. Ele havia passado a década de 1920 trabalhando como um escravo em Hollywood, projetando cenários para Cecil B. DeMille e, de acordo com Chanel, nunca a perdoou pelo fato dela ser adulada por toda

Paris durante os anos dourados da cidade enquanto ele estava metido naquela deprimente e escaldante terra de ninguém do sul da Califórnia. Intimamente ele gostaria que ela perdesse o dinheiro para ficar dependente dele (de acordo com Chanel). Sentia-se tratado com condescendência quando ela lhe permitia tomar decisões sobre assuntos dela que não eram realmente importantes (de acordo com Iribe). O resultado eram discussões tumultuadas. Chanel estava com 50 anos e seus amigos diziam que pela primeira vez ela se apaixonara (ninguém a conhecia nos seus verdes anos, quando ela morava na Avenue Gabriel com o lindo Capel). Havia cheiro de casamento no ar. Então, na quadra de tênis de Chanel em La Pausa, no início do verão de 1935, Iribe teve um ataque do coração e morreu. Chanel ficou inconsolável mas depois se recuperou e foi em frente.

*Hans Gunther von Dincklage, conhecido também como Spatz*
*Prova irrefutável de que durante a guerra as pessoas se comportam de forma imprevisível*
*1940-1950*
Spatz era um espião alemão meio inglês que falava francês, e Chanel provavelmente o conheceu antes da guerra. Ele nunca usou uniforme nazista mas provavelmente integrou o grupo de homens de boa lábia instalados em Paris pelo ministro do Exterior Joachim von Ribbentrop para melhorar a reputação dos invasores. Spatz, um bom *gourmet,* era elegante e tinha treze anos menos que Chanel. Não havia como fugir ao fato de que envolvendo-se com Spatz ela estava dormindo com o inimigo. Depois da guerra eles se mudaram para a Suíça.

※ ※ ※

Houve outros casos amorosos. Um romance efêmero com Igor Stravinsky e também, provavelmente, com Picasso. Mas no final da vida ela afirmou que depois da morte de Boy, em 1919, o amor a frustrou. "Perdi tudo quando perdi Capel", disse ela a Paul Morand, contradizendo a opinião geral de que o único modo de se curar de uma perda é envolver-se com outra pessoa. Então qual é a solução para o sufocamento de uma grande paixão? A opção de Anna Karenina não é absolutamente uma opção, no mínimo porque não há nada pior do que passar a eternidade lamentando ter se atirado embaixo de um trem por causa de um homem. Em vez disso, podemos considerar as seguintes opções.

❋ ❋ ❋

## Sobreviver à paixão à la Chanel

*Atire-se ao trabalho.*

"O trabalho sempre foi um tipo de droga para mim", disse Chanel, que era famosa por descosturar e repregar uma manga setenta vezes e por detestar os domingos porque suas costureiras estavam de folga. O termo contemporâneo para esse comportamento é "workaholic", que tem um som muito depreciativo, sugestivo de disfunção. O escritor francês François Mauriac, Prêmio Nobel de Literatura, achava que o trabalho era uma espécie de felicidade e se referia a ele como *opium unique*, um ópio extraordinário.

Podemos nos perder no trabalho exatamente como podemos nos perder chafurdando nas lembranças de um caso amoroso fracassado. A diferença é que reprocessar o que não se pode mudar (E se eu o tivesse amado melhor? E se eu tivesse sido mais disponível? Menos disponível? E se eu não lhe tivesse reembolsado o dinheiro que ele me adiantou para abrir a casa de moda?) é uma enorme perda de tempo e energia, ao passo que canalizar toda a angústia para o trabalho pode resultar na criação do pretinho básico. Além disso, o trabalho está disponível para nós durante todo o tempo, ao passo que o amor em todas as suas permutações é menos confiável que um pedreiro alcoólatra.

### Goste de ser amada.

Chanel amava os homens. Melhor ainda: ela amava ser amada pelos homens. Embora com a deserção e depois a morte de Capel ela se sentisse como se seu coração tivesse sido enrolado em volta do eixo de um caminhão, isso não a impediu de mergulhar em outras ligações posteriores que presumivelmente lhe trariam alegria. É possível que uma vez tendo passado o pior e percebendo que já amamos e perdemos "o homem certo", ou admitindo que o segundo homem certo vai demorar muito a cair de paraquedas na nossa vida, ou então considerando a ideia de que talvez toda paixão é matéria de mito e deve ser posta na mesma categoria do monstro de Loch Ness, possamos nos pegar saindo com alguém que simplesmente é legal e percebermos que simplesmente legal é bárbaro. Sobre a sua relação com o duque de Westminster, Chanel disse: "Eu o amava, ou achava que o amava, o que dá no mesmo". Acreditar pode ser sentir.

### Compre um cavalo.[14]

Vamos voltar a Balsan por um minuto. Ouvimos falar muito sobre como ele gostava de Chanel e se divertia com ela, mas depois que ela fugiu do seu haras com Capel não se disse uma única palavra sobre a sua reação. A razão disso reside no fato de que independentemente do estado da sua vida amorosa, seus cavalos precisavam ser cuidados; massageados; esfregados primeiro com escova dura depois com

---

14 Gostaria de também recomendar a compra de um cachorro ou um gato, mas eles exigem menos tempo.

a macia; alimentados com feno, grãos e alguma vitamina especial; ter à disposição polpa de beterraba para estimular a boa digestão; pesquisados para verificar se estão com vermes ou laminite; depois massageados novamente; esfregados primeiro com escova dura depois com a macia; alimentados com feno etc. etc., agora e até a hora da sua morte, amém. Os cavalos podem absorver todas as horas de vigília da nossa vida, com a vantagem de terem aqueles olhos tão lindos. Winston Churchill, amigo de Chanel, certa vez disse: "Nenhuma hora da vida é desperdiçada se for passada na sela". O mesmo não se pode dizer dos nossos amados.

*Conte as suas bênçãos (Número 1).*

Na verdade é ótimo ter amado e perdido sua paixão. Ter sido atropelada pelo caminhão do amor (parece que este capítulo está um tanto carregado de imagens de transporte — perdoem-me) é um dos grandes e apaixonantes dramas pessoais da vida, e nem todo mundo tem o privilégio de passar por essa experiência. Algumas de nós seremos enterradas sem nunca termos passado seis meses bisbilhotando informações sobre nosso amado nas redes sociais ou tentando segui-lo na noite do seu primeiro encontro com outra... Deixar de suportar esse tormento é passar a vida sem nunca saber por que as pessoas sempre dizem que *Every Rose Has Its Thorn*, do Poison, é a melhor balada de todos os tempos.

*Conte as suas bênçãos (Número 2).*

Chanel considerava malograda a sua vida amorosa, e vituperava contra ela, pelo fato de nunca ter se casado e nem ter tido os filhos que ela acreditava capazes de a fazerem feliz e de curá-la da sua solidão profunda e permanente. É um clichê dos malcasados o aforismo de que em nenhuma situação se está mais sozinho do que num casamento vazio, mas ela não chegou a experimentar isso.

O casamento, como o alpinismo, não é para todos. Chanel, tão cheia de máximas perfeitas sobre tantas coisas, deixou passar o fato de que era constitucionalmente mal equipada para ser uma esposa bem-comportada. Precisar fazer concessões — ou pior ainda, submeter-se — era algo que ela ignorava totalmente. Quanto a filhos, Chanel fugia das exigências implicadas em ser dona de um cachorro. Durante algum tempo ela teve dois galgos afegãos, e isso consistia em fazer Joseph, o mordomo, desfilar pelos cômodos da casa os animais presos na coleira. Havia sempre um momento constrangedor depois do seu passeio em que se esperava que ela os afagasse. Chanel tinha horror a cheiros, e dá para imaginar que a respiração canina seria um desses cheiros.

Mas embora achasse Freud — e todo o resto da autoanálise — uma piada, Chanel não era totalmente ignorante quanto ao funcionamento da sua cabeça. "Deus sabe que eu queria amor... mas quando tinha de escolher entre o homem que eu amava e os meus vestidos, eu escolhia os vestidos."

Na velhice, ouvir Chanel declarar sua ladainha de autocomiseração, era uma chatice. Ela era triste e extenuante. Um bagaço da sua antiga personalidade. Na sua obsessão com o casamento como o remédio para a solidão — esquecendo, como acontece com todos os que jogam tudo no casamento, que o divórcio é comum e a viuvez não é incomum —, ela deixou de aprender um dos fundamentos das relações humanas. Nas palavras de Henry James "A verdadeira felicidade, dizem-nos, consiste em sair de si mesmo; mas a questão não é apenas sair: é preciso permanecer; e para permanecer fora de si mesmo precisamos ter uma missão apaixonante". Chanel sentimentalizava o casamento, mas talvez tudo o que ela precisava era de uma missão apaixonante fora de si mesma.

De qualquer forma, conte as suas bênçãos (número 2). Uma das grandes vantagens não decantadas de não ter todos os seus sonhos concretizados, especialmente se você é uma pessoa como Chanel, que fez todos os seus sonhos se tornarem realidade, é que sempre alguma coisa fica de fora, fora do alcance, a qual você pode tornar responsável por todo o seu sofrimento. Você não pode mesmo ter sempre tudo o que quer, e isso também é uma coisa boa. Imagine que horror seria ter tudo o que você esperou da vida e continuar infeliz! Chanel amou e foi amada por muitos homens. Tinha um estupendo tesouro de lembranças, sem falar numa porção de safiras do tamanho de um punho.

※ ※ ※

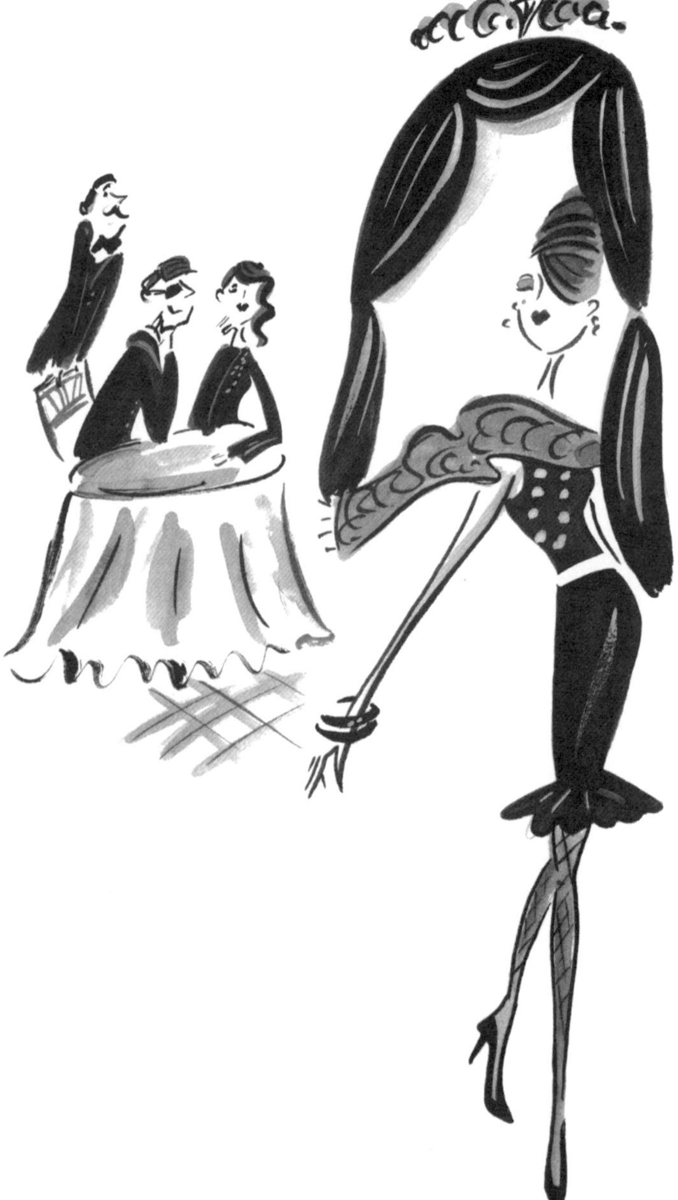

# 5

# SOBRE ABRAÇAR O MOMENTO

*"Não perca tempo batendo numa parede com a esperança de transformá-la numa porta."*

No espírito do título deste capítulo, comecei meu trabalho do dia checando o eBay. Havia esta oferta:

*Casaquinho Chanel. Tweed azul-marinho e branco. Frente com botão único. Sem trespasse. Ornado na barra. Botão de liga de cobre e zinco esmaltado com logotipo CC no centro. Tira de tecido diferente, acolchoado, nos ombros e na cintura. Totalmente forrado de tecido com assinatura. Peito sob os braços, 44,5cm; cintura, 40,5cm. Comprimento total da costura do ombro/gola até embaixo, 58,5cm. Novinho em folha, autenticidade garantida, com etiquetas.*

E esta:

*Casaquinho de tecido branco e preto nodoso, no mais perfeito estilo Chanel. Tamanho feminino: 36 e medidas aprox. Busto 91,5cm, largura 51cm, manga 61cm. Forro de seda marfim com assinatura CC e botões brancos e pretos com CC. Tecido de lã e nylon. Lindo e em perfeitas condições.*

E também esta:

Casaquinho Chanel de série limitada, bem característico. Tweed de caxemira (90% caxemira, 8% algodão). Sem trespasse. Todo forrado de seda preta com assinatura. Quatro bolsos na frente. Todos com lapelas e botões que funcionam. Três botões em cada manga. Todos os botões são pretos e têm no centro o CC. Bordas com franjas em todo o casaco. Corrente Chanel presa na barra interna. Novinho, autenticidade garantida, com etiquetas. Medidas: peito sob os braços, 43,5cm; cintura, 41cm; ombros nas costas pouco menos de 34cm, comprimento total da costura do ombro/gola até embaixo, 61cm.

Fiquei "vigiando" casaquinhos Chanel (Autênticos Casaquinhos CHANEL de Tweed) durante uma semana, e perdi algumas horas fazendo ofertas. Mas parece que o meu gene de leilões não funcionou. Enquanto o relógio marcava o tempo, em vez de querer mais o casaquinho ("Se eu não fizer outro lance, algum desconhecido vai arrematar esse casaquinho e eu nunca mais vou vê-lo!"), eu me percebia querendo-o menos e me preparando para desistir.

A minha desconfiança com o eBay começou quando, após ler as elogiosas informações do produto (ultra elegante... detalhes incrivelmente femininos...) cheguei ao fim da página e descobri que o "Autêntico Casaquinho Chanel de Tweed" não era preto e bege, como mostram as fotos, mas azul-noite, marrom-chocolate e creme-marfim. Não importava. Eu não podia deixar de ter a impressão mesquinha de que embora o casaquinho fosse Chanel (Lagerfeld-Chanel, mais precisamente, outra coisa que eu não podia ignorar, embora mais tarde isso tenha se acentuado), ele parecia da Chico´s (rede de lojas com mais de 600 filiais nos Estados Unidos). *Não que eu tenha alguma coisa contra a Chico´s, fora o gosto pelas estampas florais conspícuas que as torna quase onipresentes e o fato de que uma vez experimentei um blazer da loja e um amigo, que estava comigo, disse que eu parecia uma babá. E provavelmente não era uma dessas babás *sexy*, que roubam o coração de um *sexy* ator classe A, debaixo do nariz da sua mulher igualmente *sexy*.

Eu admiro a falta de pretensão da Chico´s (eles até deram a uma coleção o nome de Debbie Phelps, a mãe do nadador Michael Phelps, o grande ganhador das Olimpíadas da China), mas um casaquinho da Chico´s não é e nunca será um casaquinho Chanel. Se eu quisesse um casaquinho da Chico´s simplesmente iria à loja e o compraria. Não precisaria enfrentar essa complicação do eBay, depois desembolsar um dinheirão para ter o privilégio. Além disso, se conseguisse ficar com o casaquinho de tweed azul-noite, marrom-chocolate e creme-marfim, me sentiria forçada a anunciar aos amigos e aos estranhos que aquele era um casaquinho *Chanel*, embora parecesse um casaquinho da Chico´s, e eu não acho que uma peça de vestuário mereça que se gaste tanta saliva.

Ocorreu-me que talvez eu simplesmente não quisesse um casaquinho Lagerfeld-Chanel. Lembro-me de ter lido algo que Cecil Beaton escreveu sobre desenhar roupas para *Coco*, o musical da Broadway que Katharine Hepburn estrelou em 1969. Beaton confessou que se tivesse simplesmente copiado os modelos de Chanel, em vez de *interpretá-los* para o palco, eles teriam parecido roupas de uma lojinha qualquer. E eu fiquei pensando que afinal de contas seria melhor comprar um casaquinho Chanel-Chanel (se ia comprar um Chanel, seria algo feito sob as ordens da rainha, e não pelo aspirante ao trono). Na época não percebi que isso equivalia a dizer que eu queria um Picasso autêntico, e não um belo pôster com moldura preta comprado no museu.

Mandei um email para uma das mais competentes vendedoras do eBay falando do meu novo plano e recebi a resposta dentro de uma hora.

De judy@madisionavenuecouture.com:
Cara K2,
Isso não é fácil, sobretudo se você está procurando uma peça específica. Em todo o país existem lojas de roupas antigas, e elas vendem peças Chanel *vintage* quando as conseguem. Você pode encontrar na internet essas lojas e lhes dizer o que está querendo. Existem também alguns livros sobre produtos *vintage* que podem aconselhá-la sobre algumas das melhores lojas. E no ebay você também pode encontrar vários anúncios. O problema é que a maioria das peças *vintage* disponíveis atualmente não tem 40 ou 50 anos, e sim 10 a 25 anos.
Boa sorte,
Judy.

❊ ❊ ❊

A ocasião é ótima para tentar mostrar o gênio atípico de Chanel. O poeta francês Paul Valéry disse que devia haver uma palavra que estivesse entre "talento" e "gênio"; qualquer que fosse essa palavra (e estou me segurando para não fazer uma combinação do tipo "Brangelina"), Chanel se enquadrava nela.

Além de ter nascido com um senso de elegância e uma habilidade de ver num relance o que era esteticamente incorreto, Chanel foi abençoada com a capacidade de se inserir no seu momento e assim tirar plena vantagem de tudo o que lhe caía nas mãos, ao mesmo tempo em que mantinha na sua visão periférica o futuro próximo. Ela era capaz de reconhecer a sorte e aproveitá-la ao máximo.

Não há como evitar o fato estranho, delicioso, de que durante décadas ela foi considerada a maior entre os magníficos costureiros embora suas habilidades de costureira deixassem muito a desejar. Ela aprendeu os fundamentos da costura no orfanato de Aubazine e sua tia Louise ensinou a ela e à sua irmã Antoinette tarefas mais difíceis da costura: a curva perfeita, o aproveitamento das sobras de tecido e a confecção de casas para botões. No entanto ela era, na melhor das hipóteses, uma aluna medíocre. Pode-se imaginá-la adolescente, sujeitando-se ao aprendizado pelo qual todas as garotas da sua idade tinham de passar, sabendo durante todo o tempo que ela jamais se ocuparia de alguma coisa que exigisse esse tipo de disciplina humilde, sem nem falar em fadiga ocular.

Em 1915 Coco abriu uma loja em Biarritz, na costa meridional da França, e empregou costureiras da região para trabalharem para ela. Uma das primeiras empregadas foi Madame Marie-Louise Deray, que já idosa rememorou para Pierre Galante, na sua biografia afetuosa e desconexa *Mademoiselle Chanel*: "Mademoiselle Chanel tinha audácia e uma coragem incrível, sobretudo porque era chapeleira e sabia muito pouco de costura. Mas tinha um bom gosto inato e sabia explicar as coisas aos outros". Ou seja: ela era boa em fazer os outros trabalharem.

Ser uma generala era uma faceta da sua originalidade, mas ela nunca teria estado em situação de empregar as suas habilidades de comando da tropa (em pouco tempo Madame Deray tinha sessenta mulheres trabalhando sob as suas ordens) se não tivesse o talento básico de ser capaz de abraçar o momento. Não somente a capacidade de estar aqui e agora, mas também a capacidade de agarrar o dia — mesmo quando ela não estava exatamente em situação de fazer isso. Quando Étienne Balsan convidou-a para ir viver com ele na sua fazenda de criação de cavalos ela poderia ter hesitado, como aconteceria com uma garota mais bem comportada e bem nascida. Ou poderia, com a sua infame determinação, ter pensado: "Não vou embora com esse palhaço, vou perseverar na minha carreira!" Ou simplesmente: "*Un moment, s'il vous plait!* Você é um cara rico com um apartamento fabuloso em Paris e quer que eu vá viver com você no campo para *criar cavalos*?"

Mas não. Um impulso de "faça isso agora", "não olhe para trás" mandou-a diretamente para os braços de um futuro que ela não poderia ter imaginado. Talvez ela não tenha podido escolher tanto quando Boy Capel apareceu, atraída para a vida dele pela força irresistível do verdadeiro amor. Mas mesmo então alguém com uma perspectiva mais convencional poderia ter pressionado o seu amante bem relacionado a conseguir para ela um contrato com um figurinista famoso, o passo mais indicado para melhorar as suas habilidades na costura e treinar o seu desenho — que antes dela era considerado uma habilidade necessária para qualquer figurinista. Mas não. As habilidades que ela sabia ter no momento eram suficientes. Chanel estava fazendo o que podia com o que ela tinha onde ela estava. Além de ser uma costureira medíocre, ela não era tampouco uma boa desenhista. Não conseguia desenhar um chapéu simples (posso estar exagerando, mas somente um pouco).

Ela começou a fazer roupas com as suas mãos, uma vasilha com alfinetes e uma tesoura grande e pontiaguda. Com um rápido olhar podia dizer o que havia de errado numa gola ou no drapeado de uma saia. E para o resto confiava em exímias costureiras.

Precisamos parar e sentir a ironia. O grande visionário excêntrico Paul Poiret, cuja carreira afundou como uma pedra enquanto Chanel subia, era exímio na costura e no desenho. Seus esboços eram tão bons que antes de ser contratado pelo figurinista Jacques Doucet ele ganhava a vida vendendo-os para todas as principais casas de moda de Paris. Durante a Primeira Guerra Mundial foi nomeado chefe dos alfaiates militares, depois de ter criado um sobretudo[15] que economizava material e mão-de-obra; terminada a guerra, sua casa de moda quase foi à falência, em parte porque o estilo de Chanel tinha levado a melhor sobre o dele. E como se isso não bastasse, ela estava ficando famosa não somente pelas suas roupas sem complicações, com linhas puras e

---

15 Ele recebeu uma ordem para não usar o seu uniforme, desenhado por ele mesmo, cujo destaque era uma gravata de seda azul com uma mulher nua deitada em toda a sua extensão.

construção simples, mas também pela soberba habilidade artesanal, o bom acabamento e a perfeição de tudo o que saía da Chanel Modes. Poiret tinha a noção antiquada e teatral de que as roupas devem "fazer uma bela vista de longe". De perto as suas roupas não eram visões de beleza, primorosamente apresentadas, embora ele próprio tivesse o talento e a habilidade para produzir roupas assim. Ao contrário de Chanel, cujas ideias revolucionárias incluíam o desenho de roupas de dentro para fora, roupas que ela, uma mulher, usava sentindo-se confortável, ele desenhava roupas para serem vistas numa mulher atraente que estava sempre do outro lado da rua.

Talvez felizmente para Chanel a infância terrível, desesperada, tenha servido apenas para nutrir a sua inclinação para saltar antes de olhar, imaginando depois, durante a queda, que uso ela poderia dar às nuvens. Ela nunca se atrapalhou com a sedução da nostalgia, porque o seu passado tinha sido muito desolador. Se ela tinha uma inclinação para viver na sua própria época, era porque não havia bons tempos para lembrar. Sua *madeleine* proustiana era uma detestável tigela de mingau servida na mesa de um orfanato sem aquecimento. Ela repudiava o seu passado e mentia sobre o seu local de origem; o tempo atual era sempre um tempo melhor de viver do que o passado. Essa atitude também serviu para fazê-la se sentir completamente moderna.

❋ ❋ ❋

Aproveitar o momento significa aproveitar quem você é no momento. Também exige uma avaliação de quem são todas as pessoas que estão na sua vida. Um dos bons conselhos que Chanel deu sobre moda, que por sua abrangência soa um tanto hippie, diz que "Moda não é somente roupa. A moda está no ar, é o vento que a traz; está no céu, na terra; a moda tem a ver com as ideias, o modo de vida, o que está acontecendo". Ela também poderia ter acrescentado que a moda depende de com quem você está saindo.

## O EVANGELHO DE COCO CHANEL

Chanel era uma alquimista. Ela absorvia o que estava bem diante do seu nariz, processava a informação e depois a introduzia na sua própria sensibilidade. Assimilou as roupas simples, funcionais, usadas pelos cavalariços e treinadores de Royallieu, e o resultado foram os culotes para mulheres[16]. Assimilou os presentes luxuosos do duque de Westminster: esmeraldas, safiras, brilhantes e colares de pérolas, e o resultado foi o conceito das semijoias — peças falsas e exuberantes que imitavam o material real.

## Os inspiradores de Chanel e o que eles inspiraram

Freiras
o gosto pelo preto e branco;
a crença na austeridade

Étienne Balsan
culotes para as mulheres cavalgarem;
gravatas delgadas de tricô

Boy Capel
*blazers*; cardigãs; cintos;
o suéter estilo pulôver

Grão-Duque Dmitri
saias e vestidos bordados;
a *roubachka* (blusas longas e usadas com cinto, apreciadas pelos camponeses russos);
túnicas (mesmo comprimento, sem cinto)

Marcel Proust
camélias

---

16 Isso foi na época em que as mulheres usavam quilos de roupas e chapeuzinhos para cavalgar sentadas lateralmente na sela. Se você já andou a cavalo sentada assim, sabe que essa é a posição que oferece a maior oportunidade de quebrar o pescoço.

| | |
|---|---|
| Bendor | tweeds; jérsei Fair Isle; coletes; camisas que exigem abotoaduras; quepes de iatismo; calças de marinheiro; boinas; lenços de pescoço |
| Pierre Reverdy | máximas mordazes |

❋ ❋ ❋

De acordo com Chanel "Moda que não chega à rua não é moda". De certa forma esse comentário estava contaminado pelo seu empenho em livrar as mulheres elegantes dos espartilhos e dos babados, jabôs e sainhas presas ao corpete, e tudo o mais que as fazia se sentirem como uma sala de estar completa (um pouco antes Poiret havia iniciado uma tendência ao fazer vestidos com tecido de tapeçaria), e o resultado foi a suposição errônea de que o seu *"genre pauvre"* foi inspirado pelas roupas masculinas e femininas dos balconistas.

As pessoas se equivocaram. Elas equipararam o seu estilo simples às roupas usadas pelas mulheres pobres, pelas trabalhadoras, porque era ponto pacífico que a primeira coisa que qualquer mulher faria se ganhasse dinheiro seria se enfeitar com uma anágua frufru e uma torre de cabelo postiço.

Talvez o mundo ainda não estivesse preparado para as implicações da multivestimenta, mas o estilo Chanel não foi surrupiado das classes baixas, mas sim dos homens. As pessoas olhavam a gola alta dos seus suéteres e pensavam: os marinheiros usam isso! Sim, e naquela época a tripulação dos navios era formada exclusivamente por homens. Os homens usavam blazers, suéteres e calças de tecidos como o tweed, lã e o infame jérsei, e cingiam a cintura com cintos de couro.

O golpe de mestre de Chanel foi feminilizar a roupa masculina ao mesmo tempo em que incorporava elementos de vestuário totalmente alheios às ideias de elegância do início do século XX. O fato de que as roupas femininas pudessem ser chiques e ao mesmo tempo confortáveis era algo inaudito. Então chegou Chanel, e pela primeira vez as mulheres podiam estar elegantemente vestidas caminhando pela rua, andando de bicicleta e entrando num carro — coisas que os homens faziam o tempo todo.

※ ※ ※

Tradicionalmente a guerra é boa para os negócios, mas raras vezes ela beneficiou a moda. É possível que sem a Primeira Guerra Mundial não teria existido Chanel, o que significa que não ficaríamos ansiosas para ter um casaquinho Chanel, nem encantadoras bolsinhas Chanel acolchoadas a preço (relativamente) acessível e nem Chanel Nº19, que algumas de nós preferimos ao perfume floral forte do Nº5.

Não foi apenas uma questão de sorte. Chanel não estava sentada no seu ateliê em Deauville cuidando do seu negócio, criando roupas simples para a turma que estava de férias, e numa bela tarde, ao ler o jornal, descobriu que a Europa estava em guerra.

Chanel e Capel estavam passando o verão em Deauville quando o Arquiduque Francisco Ferdinando, herdeiro do trono da Áustria, e sua mulher foram assassinados no dia 28 de junho. No mês seguinte as vendas da Chanel Modes foram melhores que o normal. Senhoras elegantes com nomes ainda mais elegantes apareceram para comprar a roupa leve de Chanel. Em julho os negócios explodiram, graças à já mencionada onda de calor brutal. No final desse mesmo mês a Áustria declarou guerra à Sérvia (o arquiduque tinha sido assassinado quando estava visitando Sarajevo), que pediu ajuda à Rússia. No mesmo dia Berlim declarou guerra à Rússia — e extra-oficialmente à França. De algum modo a Inglaterra também se envolveu, embora talvez apenas para exercer seu poder de barganha.

O resultado líquido para Chanel foi que a sua clientela fugiu (mais ou menos às pressas, como veremos mais adiante) para Paris. Deauville era uma cidade-fantasma e Chanel estava se preparando para fechar a loja quando Capel, que estava fora da cidade e já se envolvera no abastecimento de carvão clandestino para os Aliados — o que o tornaria ainda mais rico — mandou-lhe um telegrama dizendo-lhe para ficar. Ele tinha amigos dentro, fora, em lugares altos, em lugares baixos e por toda parte. Detinha informações absolutamente confidenciais. Chanel era sabidamente ditatorial com seus empregados e uma negociadora teimosa na maioria das questões comerciais, mas também sabia quando era preciso ouvir. E não saiu do lugar. Chanel esperou. A Chanel Modes permaneceu aberta, mesmo sem clientes.

Na primeira semana de agosto houve outra série de declarações de guerra. A Alemanha declarou oficialmente guerra à França antes de invadir a Bélgica. Então a Inglaterra declarou guerra à Alemanha. Três semanas depois os alemães estavam nos arredores de Paris. A frente ocidental tinha recuado até o rio Marne. Os homens franceses ingressaram no exército e foram para a guerra, enquanto as mulheres francesas — pelo menos as ricas — correram de volta para Deauville.

Elas voltaram em bandos, deixando para trás dois componentes básicos: os vastos guarda-roupas e os maridos. Chanel desconfiou que aquelas mulheres, sozinhas e com coisas importantes a fazer — elas eram voluntárias em hospitais, preparavam bandagens, visitavam os feridos, consolavam as viúvas —, gravitariam em torno de um estilo mais descontraído, mais confortável. Ela desconfiava que aquilo era o que elas sempre desejaram. Sem os homens em volta para desaprovar, elas estavam livres.

A única loja de roupas que estava aberta era a Chanel Modes. Determinadas a continuar elegantes, as mulheres compraram todo o estoque de casaquinhos longos de jérsei e saias justas de malha; suéteres que se vestiam passando-os pela cabeça, usados com cintos e punhos; e chapeuzinhos que cabiam no bolso do casaco.

Chanel não era apenas apolítica; ela era totalmente surda à política (saltando para a Segunda Guerra Mundial, lembramos que o romance com um nazista manchou para sempre a sua imagem), e em setembro de 1914 tudo o que ela via era como usar o momento para obter vantagem. A infância pobre a havia ensinado a se virar com o que ela tivesse à mão, e o que estava à mão era a sociedade desordenada. Ela dizia: "Um mundo estava morrendo enquanto outro estava nascendo. Eu estava ali, surgiu uma oportunidade e eu a agarrei".

É como a velha piada sobre os dois vendedores de calçados que embarcaram num navio com o propósito de descobrir lugares novos para vender seus calçados. Eles desembarcaram numa ilha e foram saudados por uma enorme tribo de nativos amistosos e descalços. O Vendedor Um telegrafa para o escritório central: "Más notícias, chefe. Encontrei um mercado novo mas eles não usam sapatos". O Vendedor Dois telegrafa para o escritório central dizendo: "Ótima notícia, chefe! Encontrei um mercado novo e eles não usam sapatos".

Coco Chanel era o Vendedor Dois.

❋ ❋ ❋

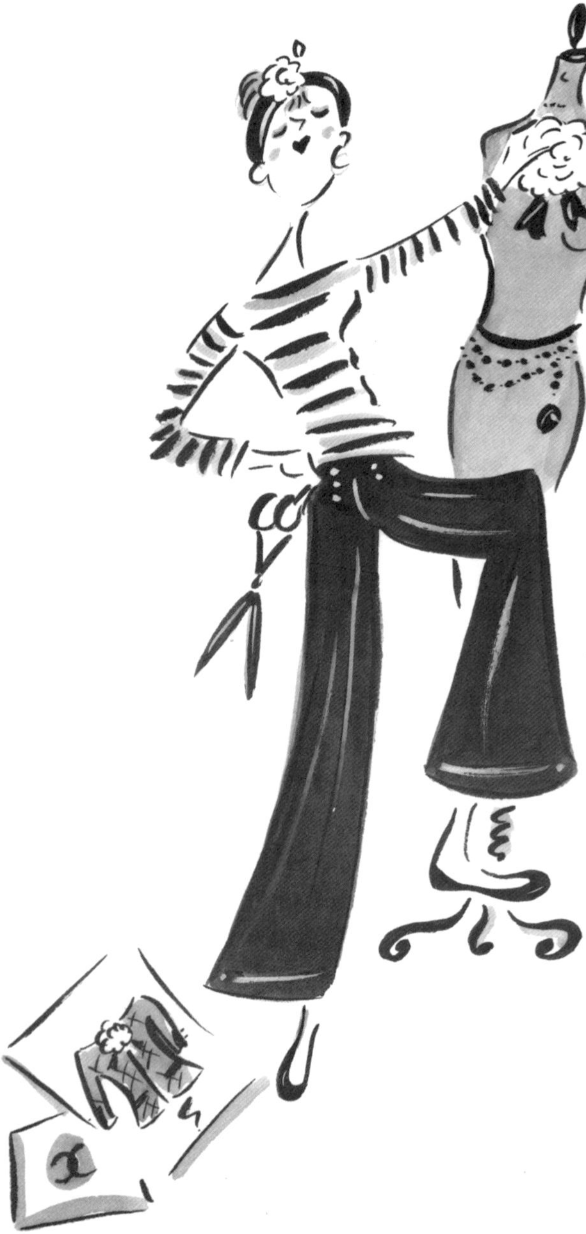

## 6

# SOBRE O SUCESSO

*"A mansidão não faz as coisas acontecerem, a menos que por acaso você seja uma galinha chocando ovos."*

Quando Chanel gracejava dizendo que no ano de 1919 ela acordou famosa, não estava querendo ser divertida, mas simplesmente afirmando um fato. Um ano antes, com a Primeira Guerra Mundial a todo vapor, ela estava suficientemente rica para reembolsar Boy Capel e comprar o seu próprio castelo perto de Biarritz. A propriedade custou o equivalente a um milhão de dólares atuais e ela pagou à vista. (O que ela teria no braço ou no ombro quando foi fechar o negócio? A bolsa de matelassê ainda levaria muito tempo para ser criada, e de qualquer forma eu não acho que caberia tanto dinheiro dentro dela.) Essa organização financeira é uma das coisas que mais admiro em Chanel. Poderia ter embolsado seus lucros e feito falsas promessas a Capel sobre quando lhe devolveria o seu investimento, do qual certamente ele já havia dado baixa em sua contabilidade justificando-o como o preço a pagar por estar apaixonado.

No final da guerra o jérsei havia se tornado a nova caxemira e a *American Vogue* estava tecendo louvores a Chanel e à sua roupa esportiva. O tecido humilde havia se tornado mais versátil do que jamais se imaginara. Era fabricado em diversos pesos e podia ser usado em conjuntos, saias, mantos e casaquinhos com bolsos espaçosos onde cabiam as mãos. Chanel combinava pesos e texturas. Casou o jérsei com a seda. A camurça aparecia de vez em quando e nas coleções de inverno, as peles. Ela expandiu a sua coleção, criando vestidos etéreos de renda Chantilly preta orlada com contas de âmbar negro e vestidos fluidos, com cintura baixa, de crepe-da-china cinza-pombo. Surgiu o que se tornaria a clássica paleta Chanel: bege, cinza-acastanhado, cinza, azul-marinho e preto, às vezes com um salpico de vermelho.

Paul Poiret, o gênio sitiado, já em 1908 havia pressionado seus manequins para cortar o cabelo comprido e pesado. Chanel cortou os seus próprios cachos uns dez anos depois e atribuiu-se a ela a criação do corte curto. Ela cultivava um bronzeado, e todo mundo fez o mesmo. Ela era magra, forte e moleca (embora em 1919 já estivesse com 36 anos) e todas as mulheres que não queriam parecer antiquadas emagreciam e sentavam-se sem guarda-sol na areia da praia. Os estilos da Belle Époque haviam morrido na guerra; a mulher pálida vestida com saia bufante de um tecido de tapeçaria, desconfortável, era história antiga.

Chanel acreditava em astrologia. Ela era leonina, e assim tinha paixão, força, determinação, autodomínio e uma grande necessidade de aparecer. Quem nasceu e foi criado nas cidades esotéricas da costa ocidental dos Estados Unidos não vê nada de estranho em incluir como elemento essencial os nossos mapas astrais, e assim completo os dados astrológicos de Chanel com a informação de que a sua lua estava em Peixes, tornando-a intuitiva, quase vidente. Certamente parece que ela podia prever o futuro, pelo menos no que diz respeito à cintura e à largura dos ombros.

Os astros não poderiam estar mais bem alinhados. A guerra, com as suas escassezes e racionamentos, oferecia o ambiente perfeito para as roupas econômicas e fáceis, feitas com uma pequena quantidade de tecido barato para enfeitar. E Capel não só a havia amado e acre-

## SOBRE O SUCESSO

ditado nela o suficiente para bancar o seu negócio como também era fenomenalmente bem relacionado, conselheiro do primeiro-ministro francês Georges Clemenceau e também integrante do Conselho Supremo da Guerra (foi secretário de política da delegação inglesa), e com tudo isso quero dizer que ele estava em situação vantajosa para aconselhá-la sobre quando agarrar e quando deixar passar, e quando abrir uma loja em Biarritz, no sul da França, longe das linhas de frente, que acabaria por lhe gerar uma fortuna com a criação de roupas para as damas ricas da Espanha neutra.

Ao mesmo tempo Chanel estava se tornando mais bem relacionada. Ela conhecia pouca gente quando se mudou com Capel para a Avenue Gabriel, e os dois eram extremamente discretos, dado o fato de não serem casados. Mas em 1917 Chanel tornou-se amiga de Misia Sert, uma teatral polonesa patrona das artes e formadora de opinião, classificada pelo crítico de cultura Clive James como "a encarnação de uma energia especial liberada quando o talento e o privilégio se encontram".

Misia[17] livrou Chanel das suas últimas arestas rústicas, pois no início da amizade das duas ela ainda tinha vestígios da tímida moça provinciana que gostava de cavalos e de livros românticos. Entre os amigos de Misia estavam os artistas célebres da época, inclusive Stéphane Mallarmé, Pierre-Auguste Renoir, Jean Cocteau, Pablo Picasso e Sergei Diaghilev; logo todos eles passaram a ser amigos também de Chanel. Seu credo artístico transferiu-se para Chanel, ajudando-a a ingressar nas fileiras dos Criadores Famosos.

Como se tudo isso não fosse suficiente, o ateliê de Chanel na Rue Cambon ficava defronte a entrada dos fundos do hotel Ritz. Nos invernos rigorosos da guerra podia-se confiar que o Ritz estaria muito bem aquecido, e as mulheres elegantes frequentemente entravam ali para escapar do frio e depois apareciam na Chanel Modes para comprar um mantô novo.

---

[17] Como Cher e Madonna, ela era conhecida simplesmente como Misia.

Tudo o que Chanel tocava se tornava chique. Estar no lugar certo na hora certa nem de longe é tudo. Ela era a pessoa certa do sexo certo com o olhar certo e o senso de estilo certo, com a infância certa — brutal, implacável e formadora do caráter — influenciando o temperamento certo, que encontrou o *homem* certo com o temperamento certo, o tipo certo de crença nela e o tipo certo de dinheiro (muito) no momento cultural e político certo. Até mesmo a grande tragédia da sua vida — a perda de Capel — foi o tipo certo de errado, pois a impulsionou a sublimar a dor pondo a cabeça para funcionar.

Peço desculpa se exagerei na defesa da minha tese, mas seria insincero dizer que para atingir o sucesso refinado que Chanel desfrutou é preciso apenas um pouco de transpiração, um pé de coelho e o amor de um homem bom com muita grana. Se você pretende vencer no mundo da moda e abriu este livro para ter algumas dicas que a ajudem a ser apontada, algum dia, como a *designer* mais importante da história da moda, sinto muito desapontá-la. Nunca haverá outra Chanel.

Mas isso não significa que não valha a pena investigar a natureza do seu estupendo sucesso lugar certo/hora certa. Ela foi a primeira celebridade *designer* de moda genuína, em parte porque ao contrário de Poiret, que a antecedeu, ou até de Madeleine Vionnet, que professava uma interessante teoria de moda ("Quando uma mulher sorri, seu vestido também deve sorrir") mas detestava publicidade e era uma reclusa, Chanel tinha uma filosofia. Ao longo dos anos os historiadores que não são fãs dela têm torcido o nariz para o seu impulso de autopromoção, esquecendo que ela não estava simplesmente pondo-se em evidência, estava também propagando ideias reais.

Debaixo das roupas dela havia mais do que lingerie (o que foi que substituiu o espartilho, aliás? As calcinhas do tipo "vovó"?). As roupas de Chanel eram atrevidas na sua simplicidade, impecáveis na criação, mas eram também mais do que apenas um cardigã com cinto, uma saia plissada de jérsei, um chapéu descontraído. Elas tinham um significado. Tinham uma trama e até um ponto de vista. Tudo o que saía da sua oficina pretendia agradar sobretudo à mulher que ficaria dentro da roupa. Ela nunca simplesmente empurrou coleções para o mercado, compulsivamente. Chanel acreditava no desembaraço, na esportividade e na liberdade, e tudo o que ela fez refletiu isso — com exceção, talvez, dos longos colares de pérolas, que ficamos imaginando presos no trinco da porta ou no braço de uma cadeira.

Chanel trabalhava em cada uma das roupas que saíam da Rue Cambon, alisando, cortando, embutindo, alfinetando, dando palmadinhas, apertando, mas era astuta o suficiente para não se mostrar às suas clientes: era melhor se envolver num certo mistério. (De acordo com Chanel "Revelar-se para uma cliente é perdê-la como cliente".) Ela se referia à sua clientela de sangue azul como as suas "Queridinhas", mas desconfiava da sua lealdade. Elas nunca tinham oportunidade de chegar suficientemente perto para poderem dizer: "*Zut alors,* você viu as bolsas debaixo dos olhos de Mademoiselle?"

Fora de casa, no Maxim´s e nas festas dadas pela nata da aristocracia, Chanel era a melhor modelo da sua grife — ela nunca usou nada que não tivesse vindo das suas oficinas —, mas também dava publicidade às suas criações vestindo com elas moças de olhos e cabelos escuros que se pareciam com ela e fizeram da sua vida social uma carreira. Ela dava à sua amiga Vera Bate, garota da sociedade inglesa, uma comissão permanente por prestação de serviços: Bate usava apenas Chanel e quando lhe perguntavam, revelava com uma falsa relutância o nome da costureira.

Chanel observava cuidadosamente o crescimento da sua fama, ao mesmo tempo em que encolhia os ombros a ela. Gostava de afirmar ser a única responsável pela criação não somente do guarda-roupa da mulher moderna mas da própria mulher moderna, a que andava pela rua vestindo saia curta e ondulante, fumando, tendo amantes, ouvindo jazz (e se bronzeando, claro). Ao mesmo tempo objetava que ela não era nada mais que uma simples comerciante, uma fabricante de roupa, em nada diferente de um fabricante de castiçais.

Ela não tinha vergonha quando se tratava de se atribuir a responsabilidade por inovações que pertenciam a outra pessoa, mas quem a contestava não conseguia nunca firmar sua contestação. Ela adorava o luxo mas sempre se apresentava com o mesmo conjunto simples preto ou azul-marinho. Quando teve dinheiro suficiente, comprou um Rolls Royce e contratou um motorista. Mobiliou sua casa com móveis Luís XIV estofados não com jérsei — *mais non!* —, mas com cetim cor-de-areia da melhor qualidade e biombos Coromandel raros. Contratou Maurice Sachs, um escritor que estava passando por dificuldades, para compor uma biblioteca de primeiras edições com tudo o que ela devia ler.

Ao mesmo tempo Chanel se conduzia com a atitude de alguém à espera de uma mudança de sorte. Não considerava que as coisas estivessem garantidas. Embora seus lauréis se acumulassem, ela se recusava a descansar sobre eles. Aliás, ela raramente descansava.

❄ ❄ ❄

Um antigo ditado de Hollywood sobre o que é preciso para vencer, em ordem crescente de importância:

3. Ter algum talento.
2. Conhecer as pessoas certas.
1. Ser uma pessoa divertida.

O motor que impulsionava a vida de Chanel era o trabalho, o perfeccionismo e a determinação de evitar depender de alguém — traços que não são os de uma festeira despreocupada. Sem saber disso, ela compartilhava com os esquiadores de categoria internacional (outra turma compulsiva, obcecada) a ideia de que não é preciso ir se divertir para se divertir. Se Chanel não tivesse se permitido ficar sob a grande e excêntrica asa de Misia, ela sem dúvida teria tido dificul-

SOBRE O SUCESSO

dade com os itens 2 e 1, e talvez sua carreira não tivesse deslanchado. Possivelmente nós nunca teríamos ouvido falar nela. Ou talvez houvesse uma dezena de palavras em "Chanel, Coco" nos livros de história da moda, mas ela nunca teria tido uma exposição no Metropolitan Museum of Art e nem uma mega loja de 10 andares em Ginza, o bairro mais sofisticado de Tóquio, e muito menos aquilo — seja lá o que for — que Zaha Hadid, a arquiteta do momento, projetou (uma enorme bolsa Chanel — é uma bolsa ou apenas contém obras de arte que homenageiam a bolsa?) e instalou no Central Park.

Misia simplesmente facilitou a entrada de Chanel na sociedade. Ao conhecê-la, Chanel contava com uma clientela de duzentas damas ricas da sociedade, mas elas não eram famosas, ao passo que a boemia de Montparnasse, incansavelmente promovida por Misia, era. Se pudesse, eu tenho certeza de que Chanel se levantaria do túmulo e me estrangularia com suas mãos fortes de artesão pelo que vou dizer, mas sem Misia ela nunca teria sido "... o símbolo vivo de todo o luxo e extravagância do período"[18].

Maria "Misia" Sophie Olga Godebska Natanson Edwards Sert — acho que consegui juntar aqui todos os seus maridos — foi uma polonesa que prometia como concertista de piano que desistiu de tudo[19] para se casar com Thadée Natanson, fundador da revista literária de vanguarda *La Revue Blanche*, quando ela começou a sua carreira de musa/defensora das artes. Pode-se ver a sua figura reproduzida nas obras de Toulouse-Lautrec, Edouard Vuillard, Pierre Bonnard, Félix Vallotton e Renoir. Ela era bonita, mas nem tanto assim — o que nos leva a pensar que ou ela era realmente boa na atividade de ficar sentada quieta ou conseguia enfeitiçar os pintores. Foi pintada pelo grande Pierre-Auguste Renoir, cujo coração ela partiu ao recusar permitir-lhe pintar seus seios. (Ela também partiu o coração de outros pintores, que lhe presentearam suas melhores obras apenas

---

18 Palavras do poeta Georges Auriac.
19 Seriedade, longas horas de estudo, possível penúria.

para vê-las cortadas a fim de caberem numa parede que precisava de decoração. Mas eles nunca a repreenderam por isso.)

A sociedade parisiense entre as duas guerras era tão pequena quanto famosa. Todos conheciam todos, e em grande parte isso se devia às providências de Misia, que era, dependendo do interlocutor, uma excelente relações públicas do mundo das artes e que inspirava os artistas a atingir grandes alturas (de acordo com um admirador, ela "fazia aparecer o gênio nas pessoas") ou então uma perigosa e cruel manipuladora com muito tempo livre.

Chanel e Misia se conheceram numa festa na casa da atriz Cécile Sorel, famosa pela sua interpretação da Célimène de *O misantropo* de Molière e por ter peles de leopardo como colchas em seu apartamento no Quai Voltaire. Chanel estava sozinha — Capel cuidava dos seus negócios de carvão ou de questões diplomáticas, ou estava seduzindo alguma dama — e Misia acabara de voltar da Itália, onde, com Picasso e Cocteau, tentara levantar dinheiro para os empobrecidos Ballets Russes. Misia apresentou-se a Chanel e elogiou o seu casaco de veludo vermelho com acabamentos de pele, que foi despido por Chanel e colocado sobre os seus ombros, num exemplo da sua generosidade infamemente excêntrica (sem falar na brilhante astúcia para os negócios — pois o preço era baixo para ter a famosa Misia vista pela cidade usando um casaco de Chanel, uma tremenda publicidade).

Misia ficou imediatamente encantada com Chanel e visitou-a na sua loja na Rue Cambon, que na época ainda vendia principalmente chapéus mas também casaquinhos e suéteres. Chanel ainda era apenas uma mulher "do comércio" e ainda não fora aceita pela sociedade. Ela e Capel passavam a maior parte do tempo trabalhando. Como uma dupla Bill e Hillary Clinton depois dos tempos dourados, naquele inverno feroz eles se concentravam na sua carreira. Mais uma vez o clima ruim atuou a favor de Chanel. Um frio que bateu os recordes fez subir o preço do carvão para trezentos francos (lembrem-se de que a companhia de Capel era a maior fornecedora

SOBRE O SUCESSO

da França) e desaparecerem da loja os casacos de jérsei e os casaquinhos, todos guarnecidos de pele.

Misia e seu futuro marido, o muralista catalão e *bon vivant* José Maria Sert, viam Chanel e Capel socialmente (Sert não entendia a mania de Misia por Chanel, que ele achava tímida e um tanto comum), e a amizade entre as duas mulheres levou a algo parecido com usuais reuniões a quatro em que as duas mulheres se esbaldavam enquanto os dois maridos nem tanto. Misia era onze anos mais velha que Chanel mas tinha um faro para o moderno. Ela os convidou para a estreia de *Parade*, o balé cubista moderno de Diaghilev. Eric Satie compôs a música escandalosa — que incluía buzinas de carros e o barulho das teclas de máquina de escrever —, Cocteau escreveu o livro e Picasso fez os cenários e o figurino. As notas do programa foram escritas por Guillaume Apollinaire, que cunhou a palavra "surrealismo" *(une sort de surrealisme)*. Misia usava uma tiara. Na festa que se seguiu, ela apresentou Chanel a Cocteau, que gostava de dançar em cima da mesa, e lhe mostrou Marcel Proust. A tímida Chanel era a dama de companhia.

※ ※ ※

Tendo em vista quem ela se tornou, é difícil imaginar que durante alguns anos Coco Chanel foi a Amiga da Rainha do Baile. Mas em 1924 Misia dominava e Chanel observava enquanto a amiga atendia aos seus admiradores. Chanel nunca ouvira falar dos artistas a quem Misia chamava de amigos: Cocteau e seu namorado, o jovem romancista Raymond Radiguet; os cavalheiros do Ballets Russes e seu diretor, Diaghilev; o compositor Igor Stravinsky e o principal bailarino, Serge Lifar, que seria amigo de Chanel até o fim.

Nesses primeiros anos, esperar e observar era o ambiente que fora preestabelecido para Chanel. Ela pode ter ou não ter sido tão tímida quanto sempre afirmava ser, mas aprendeu a maior parte do que sabia notando as coisas e mantendo a boca fechada. A tiara acabaria passando para Chanel (falando figurativamente; Chanel jamais usaria algo tão óbvio) e pessoas como Cocteau competiriam nos Concursos de Proclamação Arrebatada e Vagamente Ilógica com comentários do tipo: "Uma história da literatura francesa não estaria completa sem mencionar o nome de Coco Chanel", mas esses tempos ainda estavam longe.

Misia prodigalizava seus favores e sua lealdade. O conde e a condessa Étienne de Beaumont deram um baile a fantasia, e Chanel não foi convidada, embora tenha sido contratada para criar as roupas dos anfitriões. Então Misia disse: "Não há dúvida de que o conde de Beaumont agiu conforme o costume ao mandar um convite apenas para mim. Mas Mademoiselle Chanel era *minha* amiga. Fiquei profundamente ofendida com a sua exclusão". Misia não compareceu.[20]

Em muitos aspectos a amizade complicada, apaixonada, parecia a das "melhores amigas para sempre". Misia apresentou Chanel para o mundo das artes e depois ficou furiosa quando ela tirou partido da sua aceitação pelos prestigiados e deu a Diaghilev um cheque para que ele pudesse montar um *revival* de *A sagração da primavera*. Chanel podia ser uma jararaca e tanto; disse certa vez que estar perto de Misia a fazia sentir-se inteligente — depois deu meia-volta e contratou o amigo dela para desenhar semijoias enquanto Misia, arrasada e numa fase de má sorte, era forçada a se divorciar de Sert, o namorador.

Foi uma ligação forjada antes de a fama de Chanel ter tornado difícil para ela sustentar uma amizade genuína. No final da década de 1920 ela era Mademoiselle Chanel. Num período de tempo assombrosamente curto ela havia conseguido criar uma criatura fabulosa, chique, rica e famosa de quem ela também era refém; estava conven-

---

[20] Em menos de dois anos os Beaumont implorariam a Chanel que fosse às suas festas, e em 1924 Chanel contratou Étienne de Beaumont para desenhar joias para a Maison Chanel.

cida de que as pessoas que podiam se tornar seus amigos estavam interessadas apenas no seu dinheiro. Ela também sentia a estranha necessidade de comentar, de expor seus pensamentos nas máximas que seu amante, o poeta não celebrado Pierre Reverdy, ajudou-a a compor. As pessoas se impressionavam com a sua inteligência, agilidade mental e senso de humor, encantavam-se com a sua presença, mas isso não convida à intimidade.

As mulheres francesas são notórias pelo seu desinteresse em ter amigas. Elas gostam dos homens, mas vêem as outras mulheres como concorrentes e por isso não confiáveis. Na velhice Chanel sempre dizia a quem quisesse ouvir que se sentia muito sozinha; parece que nunca lhe ocorreu que uma amiga — não uma ajudante e nem uma governanta, nem tampouco as escritoras que ela contratava para escrever suas memórias e depois demitia, mas uma melhor amiga à moda antiga — poderia ter minorado o seu sofrimento.

※ ※ ※

O maior sucesso da vida de Chanel não foi a criação do pretinho básico (que segundo o chanelore foi rabiscado em mais ou menos noventa minutos numa tarde enfadonha), a invenção da semijoia ou o elegante conjunto de *bouclé* usado na década de 1960 por Jackie Kennedy.

O maior sucesso de Chanel foi um cheiro de *rose de mai* ou jasmim, talvez com um pouco de vetiver. Se você aplicou há pouco o seu Chanel Nº5 poderá sentir o perfume de notas altas picantes, as moléculas de aldeído inteiramente artificiais com o cheiro de floral branco que o distinguiu de todos os outros perfumes quando ele foi lançado em 1920, 1921, 1922 ou 1923 (dependendo da versão do chanelore que se consulta).

O 5, como ele é chamado no comércio de perfumes, é até hoje o perfume mais popular; a companhia avalia que em todo o mundo a cada 55 minutos se vende um vidro dele. Há quanto tempo ele vem sendo vendido nessa quantidade não se sabe. O que sabemos é que durante a Segunda Guerra Mundial, mesmo depois de Chanel ter fechado a sua casa, os vidros do Nº5 deixavam a butique em números recordes, comprados primeiro pelos oficiais alemães e depois pelos soldados da libertação, que o levavam de presente para a mulher ao voltarem para casa.

Não é de estranhar que os respeitados e meticulosos biógrafos de Chanel não tenham conseguido concordar quanto ao ano em que o Nº5 tomou de assalto a sociedade; ninguém concorda tampouco quanto às origens do perfume. É o que a Mademoiselle Desinformação queria. O mundo da perfumaria se movimenta envolto em mistério (uma pesquisa feita por Chandler Burr em *The Perfect Scent: A Year Inside the Perfume Industry in Paris and New York* descreve a indústria como "isolada, glamourosa, estranha, paranoica, idiossincrática, irracional e lucrativa") e a história que cerca o perfume assinado por Chanel seria sempre inescrutável, embora absolutamente encantadora, como condiz com um perfume icônico.

Chanel não foi a primeira costureira a criar o seu próprio perfume, e, como sempre, quando não era a primeira a fazer algo, ela revolucionava totalmente o conceito a tal ponto que podia *reivindicar* ser a primeira. Ela mudava os preceitos e depois se parabenizava por ser a única pessoa chique o suficiente para segui-los.

Antes do Nº5 os perfumes se baseavam num único cheiro floral, intenso, perseverante, e como se tivesse sido criado não para sublinhar o fascínio de uma mulher, mas sim para encobrir um grave problema de CC. Eles tinham nomes ridículos, exagerados, como Corações Incendiados ou nomes desesperadamente melodramáticos como Le Sang Français ou Le Fruit Défendu[21] — e eram apresentados em vidros tão extravagantes que podiam ser confundidos com

---

21 Sangue Francês e O Fruto Proibido.

relíquias sagradas. Em outras palavras, era tudo a antítese da sensibilidade moderna de Chanel.

Aparentemente Chanel era indiferente à ideia de lançar um perfume até que:

1. Seu então amante, o Grão-Duque Dmitri Pavlovich, apresentou-a a um amigo, Ernest Beaux, outro imigrante russo fugido da Revolução Russa. O pai de Beaux tinha sido perfumista do czar e na época em que Beaux conheceu Chanel ele estava trabalhando para a Coty. Pavlovich, que gostava do luxo tanto quanto Chanel, disse que ela não podia ter uma casa de moda sem um perfume de classe internacional que fosse um produto seu.

2. No verão de 1923 Chanel foi no seu Rolls Royce garimpar antiguidades no sul da França com a sua nova amiga Colette. A escritora havia se divorciado do segundo marido e estava vivendo com Maurice Goudeket numa aldeia perto de Roquebrune. Dada a dedicação de Chanel ao seu trabalho, é difícil imaginá-la de loja em loja na Provence com a voluptuosa mais infame da época exclamando ao ver amoladores de faca antigos ou curiosos equipamentos de jardinagem enferrujados. De qualquer forma, nas suas viagens, Chanel e Colette foram parar na pequena aldeia de Grasse e conheceram a fábrica de perfumes Fragonard, e Chanel ficou achando que precisava ter o seu próprio perfume. Ela contatou Ernest Beaux, que viu nela um olfato vigoroso e discriminador. "Sim", confessou Chanel, "quando alguém me oferece uma flor eu posso sentir o cheiro nas mãos que a colheram".

3. Um dos muitos contatos de Misia lhe mostrou um documento que supostamente fora encontrado entre os papéis de Eugénie, a imperatriz deposta, mulher de Napoleão III. Chamado "O Segredo dos Médici", o texto detalhava a fórmula até então secreta de uma água-de-colônia usada pelas rainhas Médici (e também por algumas cortesãs de alta classe) que garantia "uma pele maravilhosa e a cútis de uma jovem" e "juventude permanente, indestrutível". Misia achou tudo aquilo engraçado — na verdade era uma água-de-colônia má-

gica — mas teve uma ideia. Ela pediu um carro e foi diretamente para a loja de Chanel, a quem propôs a ideia de produzir uma água-de-colônia famosa internacionalmente baseada no "segredo dos Médici". Chanel também se divertiu com a história, mas as duas amigas começaram a pensar em embalagens, inclusive num vidro quadrado que parecia ter saído da farmácia e não de uma fábrica de perfumes. Misia, de acordo com seu relato, incentivou a amiga a "entrar de cabeça nos perfumes". E foi o que ela fez.

De qualquer modo, Beaux com Chanel foi um casamento feito no céu olfativo. Chanel rondava o laboratório de Beaux, cheirando e cheirando de tal forma que se fosse uma mulher qualquer ficaria tonta de náusea. Ser abençoado com um olfato discriminador é muito próximo de nascer com a habilidade de fazer o arremesso perfeito. O nariz de Chanel, assim como seu gosto, era impecável. Ela queria que o seu perfume não tivesse o cheiro de rosas ou íris ou jasmins, mas sim um cheiro diferente, próprio. Ela concordou quando Beaux sugeriu o uso de moléculas sintéticas, captando as nuances de usar algo artificial não só para imitar o cheiro real mas para fixá-lo, sem permitir que ele desaparecesse. Conceitualmente, ela gostou da ideia de um perfume ser uma coisa construída, como um vestido com um lindo modelo. Quanto ao nome, pode ter sido a quinta fórmula que Beaux lhe apresentou, seu número de sorte ou um número que ela escolheu aleatoriamente só para intrigar as pessoas. Que estão intrigadas até hoje.

❈ ❈ ❈

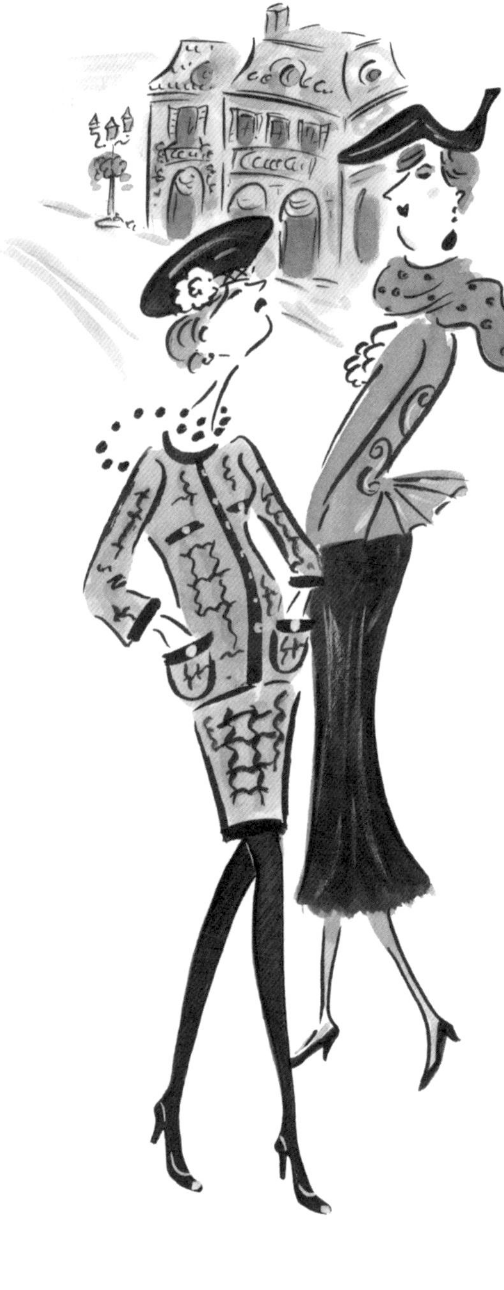

# 7

# SOBRE CULTIVAR ARQUIRRIVAIS

*"O único jeito de não odiar azaleias é cortá-las."*

Não posso encerrar a encantadora história do nascimento do Nº5 sem mencionar como Chanel divulgou a notícia de que tinha um perfume novo. Seu método de marketing talvez tenha sido mais genuinamente chaneliano que a fragrância em si, descrita no *New York Times* como "uma série de holofotes ardentes inundando as estrelas empoadas numa estreia de filme em Cannes numa noite de verão", uma coleção de palavras que, forçando tanto na metáfora, não tem nada a ver com Coco Chanel.

Na verdade hoje em dia quase todas as fragrâncias luxuosas poderiam ser classificadas de quentes, em parte pelo fato de que quase todas as fragrâncias de luxo são criadas com base em *briefings* apresentados a uma dezena de produtores de fragrâncias. Não importa se o *brief* veio da LVHM (Louis Vuitton, Givenchy, Marc Jacobs, Fendi, Parfums Christian Dior, Guerlain, Benefit Cosmetics) ou da Richemont (Cartier, Van Cleef & Arpels, Chloé) — empresas multinacionais proprietárias de todas essas marcas que gostam de propagandas coloridas de página inteira que instigam à compra de belas bolsas de couro com a ajuda de modelos russas andrógenas que fingem ser lésbicas —, ele costuma reduzir-se à mesma coisa: "Queremos algo

Quente! Sexy! Jovem! Mas não jovem demais! Não criminosamente jovem! Já dissemos que tem de ser Quente? E, claro, feito com ingredientes baratos para nós podermos vender por oitocentas vezes o que ele custa para ser produzido! Queremos um holofote ardente!"[22] Desde a época em que Chanel vendeu o seu primeiro chapéu de palha de gondoleiro para a sua primeira dondoca, ela nunca esteve entusiasmada com a alta sociedade. Suas Queridinhas eram mimadas, exigentes, tolas e — o mais importante — não pagavam as contas em dia. Chanel não podia cuspir no prato que lhe era oferecido. Uma coisa que ela havia aprendido cedo sobre lidar com os ricos (entre os quais ela nunca se incluiu, uma vez que cada centavo que ela juntou foi ganho com as suas próprias "mãos de artesã") foi que tanto quanto gostavam de pagar muito por qualquer coisa elegante, elas gostavam de pensar que tinham parte do mérito por descobrir a novidade chique. Por isso Chanel resolveu que não iria simplesmente abandonar Colette e as travessas provençais antigas na aldeia idílica do sul da França, voltar rapidamente para Paris, fazer um comunicado à imprensa anunciando a criação do Chanel Nº5 e depois esperar suas clientes aparecerem para comprar um vidro.

Em vez disso ela voltou com uns poucos frascos sem rótulo, que deu apenas às suas melhores clientes. Como tantas outras coisas, Chanel estava à frente na distribuição gratuita. Só que em vez de presentear as suas Queridinhas prediletas com batons de cores desprestigiadas pelo público e minúsculos vidros do tônico que não são nunca usados, ela lhes deu uma amostra do Nº5. E as Queridinhas voltaram, querendo saber onde poderiam comprar a sua fabulosa fragrância, aquele holofote ardente que ela lhes regalara. Chanel lhes disse que não fabricava perfumes, que aquilo era apenas uma lembrancinha para as suas clientes prediletas, as mais chiques e mara-

---

[22] Talvez nem seja preciso dizer que isso não vale para a Parfums Chanel, que ainda faz as coisas do modo antigo, empregando os seus próprios perfumistas para criar as fragrâncias irmãs do Nº5 num laboratório que fica na sede do mundo Chanel em Neuilly.

## SOBRE CULTIVAR ARQUIRRIVAIS

vilhosas, algo que ela havia comprado num impulso quando estava passeando pelas sonolentas ruas medievais de Grasse, no sul exótico. As Queridinhas disseram: "Mas você precisa começar a fabricar isso!" Ao que Chanel disse: "Ah, não, eu não poderia".
As Queridinhas disseram: "Mas você PRECISA! Ele é fantástico".
Chanel disse: "Ah, querida, você gosta mesmo?"
As Queridinhas disseram: "Nós *precisamos* ter esse perfume! Quando poderemos comprá-lo?"
Imediatamente Chanel começou a importunar Beaux, cobrando dele a produção.

O que aconteceu depois foi catastrófico, mesmo que apenas em princípio. Sabendo que a mulher de um funcionário público não poderia levar um vestido da casa mas se permitiria comprar um vidrinho de perfume (a mesma doutrina orienta atualmente a venda das marcas de luxo), Chanel chamou Théophile Bader, proprietário das Galeries Lafayette. Precisamos fazer uma pequena pausa para nos divertirmos com o que deve ter sido da parte de Chanel um sentimento de puro triunfo ao se apresentar ao sujeito que lhe vendeu todos aqueles chapéus de palha baratos apenas meia década antes. Era um tempo de glória. Agora ela era Chanel, estrela do estilo de vida dos temerários *Twenties*, voltando para saber se Bader gostaria de ter o seu perfume em estoque. Com uma expressão séria ele disse que gostaria muito, é claro, mas iria precisar de uma enorme quantidade, que Beaux, que tinha talento para a perfumaria mas não era um fabricante, não poderia produzir.

Bader disse que conhecia dois irmãos que tinham uma fábrica. Isso deve ter soado aos ouvidos de Chanel como está soando aqui neste livro: benigno e não ameaçador, um prelúdio para uma história com final feliz; ela imaginou que seria capaz de manipular aqueles dois irmãos com uns poucos comentários inteligentes murmurados nas ocasiões certas com a sua voz grave de fumante. Mas os Wertheimers, Pierre e Paul, eram donos da Les Parfumeries Bourjois, a maior companhia de fragrâncias da França. Eram para o ramo o que ela era para a moda. Em Pierre — esperto, brilhante, namorador da mulher do próximo, com um gosto pelas belas artes e pelos cavalos puros-sangues — ela havia encontrado o seu parceiro. Eles se encontraram em Longchamp. A química entre os dois foi instantânea. Ela exultou, e com razão, pois Pierre ficou extremamente interessado naquilo que ela achava mais interessante em si mesma, o crescente império que era a Chanel. Claro que Monsieur Wertheimer estava interessado em produzir e distribuir o Chanel N°5, desde que Mademoiselle estivesse disposta a formar uma sociedade.

Case-se às pressas e se arrependa quando tiver tempo. A confusão e os mal-entendidos começaram quase imediatamente. Chanel achava ótimo proclamar que o que ela fazia não devia nunca ser confundido com arte: apesar de conhecer artistas ela não era artista, apenas uma artesã, uma comerciante, uma simples fabricante de roupas. Era uma manobra dissimulada e, ao mesmo tempo, mais uma prova de que a mulher era dengosa a um nível quase despropositado, de que assim como a sua semijoia, em que ela misturava pedras preciosas e vidro colorido, Chanel simplesmente gostava de confundir as pessoas.

Mas quando lemos sobre o acordo surpreendentemente desvantajoso que ela fez com Pierre fica claro que durante boa parte do tempo ele era muita areia para o caminhãozinho dela. Chanel tinha tino para negócios mas não tinha experiência nesse campo. Tratou Pierre como um pretendente, um empregado ou até uma das suas Queridinhas. Comportou-se como se achasse desprezível a sua sugestão de formar uma sociedade, embora fosse receptiva à ideia. Atirou seu cartão de visita na direção dele e disse que 10% estava bom para ela, mas não queria ser incomodada, não queria "ter de responder a ninguém" — o que em outra situação pode ser uma tremenda exibição de autoconfiança, mas está longe de ser a melhor maneira de iniciar entendimentos para uma possível parceria econômica vitalícia.

## SOBRE CULTIVAR ARQUIRRIVAIS

Ela fechou o acordo pelos míseros 10% a fim de garantir que Pierre manteria as patas fora da sua casa de moda, pela qual ele nunca demonstrou interesse. Até Bader insistiu em 20%. (Esse é incontestavelmente o mais lucrativo lançamento da história; em 1971 o patrimônio pessoal de Chanel era de 15 milhões de dólares — equivalente a 76 milhões de dólares hoje —, e quase todo ele veio da sua parte nos lucros da Parfums Chanel.) Mesmo assim Chanel saiu lucrando. O Chanel Nº5 se tornaria o perfume mais vendido da história. Durante a Segunda Guerra Mundial os soldados americanos compravam dúzias de vidros para as mulheres que os esperavam nos Estados Unidos (estavam tão loucos para pôr as mãos nos perfumes que nunca pararam para pensar que não seria nada bom sentir o mesmo aroma na mãe e na namorada). Marilyn Monroe ronronou que o perfume era a única coisa que ela usava na cama, e Andy Warhol elevou-o ao status de ícone dando-lhe o tratamento de *silkscreen* da sopa Campbell. E embora a Parfums Chanel tenha criado outros aromas — inclusive o Nº19, o meu predileto —, nenhum deles rivalizou com o Nº5.

Em muitos sentidos Pierre Wertheimer foi o verdadeiro marido de Chanel. Eles tiveram alguns anos de felicidade (e durante esse período — início da década de 1930 — ela aumentou ainda mais seus problemas assinando uma procuração para ele. Por quê, Coco, por quê?), depois passaram as décadas seguintes brigando pela custódia do "filho".

As manobras legais raramente são interessantes, e a interminável disputa em torno dos direitos de Chanel sobre o Nº5 não são exceção. A coisa se esticou, se esticou e se esticou, e ela nunca foi capaz de ter mais do que a participação original de 10% acordada em 1924. O índice remissivo de *Mademoiselle Chanel*, a biografia escrita por Pierre Galante, conta a história.

Wertheimer, Paul 146
problemas com Chanel, 181, 182, 183-4, 191, 192, 193
Wertheimer, Pierre
influência sobre Chanel, 143
sociedade com Chanel, 143, 147
problemas com Chanel, 149, 150, 181, 182, 183-184, 191, 192, 193

Em 1928 a Parfums Chanel teve de contratar um advogado em tempo integral para lidar exclusivamente com as suas ações judiciais. Finalmente, depois de bons quinze anos de briga sensacional nos tribunais, Chanel fez uma coisa péssima e que muita gente considera imperdoável, esquecendo que por mais que seus vestidos fossem lindos, por mais que o seu senso de elegância fosse magnífico, por mais que fosse encantadora a sua figurinha de cabelo escuro, ossos pequenos, quadris estreitos, no fundo ela era não apenas uma camponesa matreira, uma astuta Chanel de Auvergne; ela era também uma gladiadora — uma distinção que, parece-me, precisa ser feita. Sei que isso tem sentido na França, mas para nós, quando pensamos nos provincianos franceses, eles são todos pessoas cativantes, exuberantes, que cheiram a sabonete *Toujours Provence*. Mas a infância de Chanel, com a sua experiência de privação, morte, perda e penoso desapontamento, criou nela uma atitude de cair matando que nenhuma de nós, com agradáveis origens de classe média, é capaz de imaginar.

Quando a Segunda Guerra Mundial estava a pleno vapor os alemães começaram a confiscar as empresas de propriedade de judeus. Os Wertheimer eram judeus, mas Chanel não era. Ela achou que podia explorar a seu favor essa brecha nazista, sair do seu péssimo acordo com Pierre e reclamar o que era dela por direito — o perfume que ela e Beaux haviam criado quase vinte anos antes. Mas os Wertheimer se adiantaram a ela. Já haviam tornado Félix Amiot — um fabricante de hélices de avião atestadamente francês que estava disposto a ser o testa-de-ferro ariano deles — coproprietário da Parfums Chanel.

## SOBRE CULTIVAR ARQUIRRIVAIS

Eles tinham conseguido até mesmo encontrar um burocrata alemão que declarou em outra lufada de exigências burocráticas legais que todos os contratos e acordos feitos entre a Parfums Chanel e Mademoiselle Chanel ainda estavam valendo, em perpetuidade. Você vai pensar que isso encerrou o caso. Mas quando acabou a guerra os Wertheimer readquiriram o controle de sua companhia e os processos recomeçaram como se nada tivesse acontecido.

Apesar dessa briga épica, Chanel gostava de Pierre. Ao longo dos anos ela muitas vezes o xingou depois o chamou de *mon cher* Pierre, às vezes no decorrer da mesma ligação. Era uma *folie à deux*, literalmente "loucura a dois". O fato de o francês ter uma expressão chique, expressamente para isso, mostra que esse tipo de coisa é uma especialidade deles. A língua francesa também nos deu o conceito de *jolie laide*, "belo feio". Aplique esse fácil abraço de opostos à esfera das relações e você terá pessoas que são boas em amar gente que elas detestam, detestar gente que elas amam, e entre as duas coisas matar todo mundo com bondade ou crueldade, às vezes as duas, no espaço de tempo que se leva para dar os dois beijinhos nas faces.

Como americana, e portanto uma pessoa geneticamente moldada para lutar contra a ambiguidade nas relações — eu amo meu namorado, minha filha e meus amigos, e também uma porção de gente que conheço, colegas, vizinhos e mães dos amigos da minha filha; desgosto de uma porção de outras pessoas (inclusive uns poucos ex-namorados); e detesto os meus inimigos (ou detestaria, se tivesse a energia) — fico maravilhada com o hábito de Chanel de torturar as pessoas que ela gostava. E o que é ainda mais incrível: parece que isso não fazia as pessoas serem menos dedicadas a ela.

❋ ❋ ❋

Se Misia era a amiga de Chanel, Cocteau era o seu amigo gay. Cocteau, como lhe dirá qualquer aluno de ciências humanas francófilo e sonhador, era o centro poético rodopiante da Paris da década de 1920, que por sua vez era o vórtice artístico super-romantizado sediado em Montparnasse. Cocteau era o artista multifacetado de Paris: poeta, pintor, romancista, roteirista, diretor de cinema e, claro, agente de boxeador.[23]

No reino da dívida cármica, Chanel é devedora de Cocteau (talvez seja por isso que ela o depreciava). Antes de Cocteau, a estética de Chanel pode ter estado por toda parte — a guerra tinha acabado e as mulheres se sentiam livres, livres, livres finalmente; cortaram o cabelo, usavam cardigãs e cintos e pareciam jornaleiros —, mas a própria Chanel ainda era o tímido peixe-piloto preso no oceano dourado que era Misia Sert. E na Chanel Modes, além de umas poucas atrizes e moças *It* — equivalentes, na década de 1920, às jovens da lista B que desfilam no tapete vermelho, mais famosas por se casarem com os guitarristas supertatuados das bandas de rock — a clientela de Chanel se compunha de mulheres da elite. Quem mais teria dinheiro para pagar aqueles preços astronômicos? E na época, assim como agora, a elite era, bem, indigesta. Nos famosos comerciais de computadores Mac versus PC elas eram PC, só que mais bem vestidas.

Mas ser amiga de Cocteau e de seus amigos artistas da vanguarda conferiu a Chanel um alto brilho de elegância onipresente (holofotes ardentes!) que foi ofuscado durante mais ou menos uma década em meados do século XX mas na verdade nunca a abandonou. Depois que Chanel se aproximou de Cocteau não eram só as suas roupas que estavam na crista da onda; *ela* estava na crista da onda, vivendo no centro fervilhante da vida artística parisiense, festejando até alta madrugada no Le Boeuf sur le Toit (O boi no telhado) com poetas,

---

[23] Cocteau descobriu num *nigth club* de Paris um bêbado e drogado chamado Panama Al Brown que tinha sido campeão de boxe e resolveu lançá-lo numa tentativa de retorno. Por que ele fez isso é algo que ninguém sabe — alguma ligação entre verso e a poesia do boxe? E o que é mais estranho ainda: os esforços de Cocteau foram financiados por Chanel, que mandou Brown para um centro de reabilitação; a história teve um *happy end*, com Brown reconquistando o seu título europeu.

SOBRE CULTIVAR ARQUIRRIVAIS

pintores, músicos, a turma do teatro, *marchands* e, sim, um grupo da elite, pessoas realmente ricas que gostavam dos artistas.

Assim, na interseção da Arte e do Comércio sentava-se o Chique, personificado por Coco Chanel. Isso que é parceria de marcas! Sem grande dificuldade, Cocteau conseguiu que Chanel criasse os figurinos da sua produção *Antigone* (do ponto de vista artístico nada pode ser mais pomposo que isso). Caracteristicamente, Chanel desafiou a opinião geral e vestiu os atores com lãs escocesas pesadas que teriam matado de calor os gregos de Sófocles, sem falar na reação de coceira. A imprensa louvou seus conjuntos, considerados precisos e autênticos. Ela foi em frente e fez uma minicarreira de figurinista, marcando presença em *Le Train Bleu* e *Orphée*.

Enquanto isso Chanel ajudava Cocteau a pagar suas contas, especificamente os custos pesados da reabilitação, conhecida curiosamente como "a cura". Tudo naquela época era mais romântico, até mesmo a dependência de drogas, especificamente a dependência do ópio. Correndo o risco de revelar a minha total ingenuidade com relação a essas questões, pergunto: essa droga ainda existe hoje em dia? O ópio, citado em várias poesias, não é o bisavô da heroína?

De qualquer forma, Cocteau começou a fumar ópio em grandes doses depois da morte do seu amante, o prodígio literário Raymond Radiguet. Apelidado *Monsieur Bébé* (sr. Bebê) por um grupo de amigos que incluíam Juan Gris, Picasso, Ernest Hemingway e Chanel, Radiguet publicou seu primeiro romance, *O diabo no corpo*, quando tinha vinte anos (ele escrevia desde os quinze). Enquanto revisava o seu novo romance ele teve uma febre. Um médico diagnosticou pneumonia, mas Chanel achou que o diagnóstico estava errado e mandou seu médico particular ir vê-lo. Ele identificou febre tifoide, já muito avançada para ser tratada. Quando o garoto morreu, Chanel organizou seu enterro, que foi, claro, arrasadoramente simples, lindo e caro: a igreja estava repleta de flores brancas e no caixão de Radiguet havia umas poucas rosas vermelhas.

Chanel gostava da incrível energia de Cocteau, da sua pródiga criatividade e da sua capacidade de se meter em encrencas, das quais ela era forçada a livrá-lo. Em 1928, quando estava prestes a entrar em outra tentativa de cura custeada por Chanel, ele resolveu que precisava fumar uma última vez.

Então como agora, os traficantes de drogas tendiam a procurar as pessoas em crise, e quando encontrou o seu contato num café de quinta categoria, Cocteau foi feito refém (ou assim diz a história apócrifa). Ele conseguiu, não se sabe como, fazer chegar a Chanel a notícia de que fora sequestrado, e Chanel, temendo ligar para a polícia porque seria forçada a revelar o hábito ilegal de Cocteau, encenou um resgate ousado. Vamos parar um momento para imaginar Chanel no resgate, correndo por uma estreita rua francesa pavimentada com pedras arredondadas, usando um conjunto azul-marinho, os colares de pérola balançando, o chapéu de gondoleiro caindo da sua cabeça. Não foi isso que aconteceu, claro, mas o que de fato aconteceu é igualmente estranho. Ela ligou para Marcel Thil, o campeão de boxe peso-médio (que ela conhecia por meio das ligações de Cocteau com o boxe) e perguntou-lhe se ele estaria disponível para um resgatezinho de sequestro. Ele ficou emocionado por ser útil, e quando se apresentou no café de quinta categoria, Cocteau foi libertado sem luta.

Mas Cocteau acabou por irritar Chanel. Apoiando Pierre Reverdy, que ela adorava, Chanel disse que não entendia a fama de Cocteau, particularmente todo o oba-oba em torno da sua poesia, que ela considerava rasa, feita para agradar o público.

Dizer algo engraçado e devastador não era apenas moda na cultura do café soçaite parisiense da década de 1920; era também um esporte, no qual Chanel brilhava sem nenhum esforço. Às vezes, se tinha vontade de fazer Cocteau chorar, ela lhe dizia que ele não era um verdadeiro poeta. Às vezes o chamava de insetinho divertido. Certa vez, numa entrevista dada a uma revista americana, ela se referiu a ele como "... um pederastinha esnobe que não fez nada na vida além de roubar as pessoas". Pegou pesado!

Mas quando Cocteau foi eleito para a Académie Française, em 1955, Chanel doou a sua maior pedra preciosa para a espada que ele usou. Isso mesmo, espada. A França é um país que reverencia tanto o poder das suas mentes mais magníficas que parte da honra de entrar na academia é receber a sua própria espada, ótima para... bem, sabe-se lá o que eles fazem com ela. Depois que a escolha foi anunciada, os amigos de Cocteau lhe fizeram doações em segredo, endereçadas ao respeitado Arthus-Bertrand ("Gravadores, Bordadores e Joalheiros desde 1803"); quando foi à loja para escolher sua arma, ele imediatamente viu como era uma pessoa amada. Isso pode soar como um ato humilhante. Mas Chanel quis ter certeza de que o seu insetinho divertido teria o que precisava, na forma de uma bela pedra para o punho da espada.

Cocteau disse sobre a amiga: "As suas espetaculares ligações, suas fúrias, suas grosserias, suas fabulosas joias, suas criações, seus caprichos, seus excessos, sua bondade assim como seu humor e sua generosidade, tudo isso faz parte da sua personalidade única, cativante, atraente, propensa ao exagero e muito humana [...] Ela olha para você com ternura, depois meneia a cabeça e você é condenado à morte".

❋ ❋ ❋

As relações de Chanel com Pierre Wertheimer e Cocteau podem ter sido de rivalidade, mas uma parte de Chanel os amava. Não devemos esquecer que quando começou a ganhar dinheiro ela criou os seus próprios puros-sangues e o que lhe propiciava o mais puro deleite era uma boa corrida de cavalos (com jóqueis chicoteando não a montaria, mas sim uns aos outros, na sua propriedade rural). Tecnicamente, os dois homens eram ao mesmo tempo seus amigos e inimigos, pois é possível ter afeição por um amigo que é também inimigo.

O que nos leva à verdadeira arquirrival de Chanel, Elsa Schiaparelli, a vilã em rosa-choque. Durante todo o lançamento espacial que foi a carreira de Chanel (para cima, para cima, para cima e PARA CIMA!) ela teve rivais: Poiret, que tornou Chanel pessoalmente responsável por transformar as mulheres em esqueléticas funcionárias do telégrafo, e Jean Patou, cujo ciúme de Chanel era tão grande que ele aparecia na tabacaria da esquina assim que chegava o último número da *Vogue* e obsessivamente contava quantas páginas lhe eram dedicadas e quantas estampavam Chanel (não se sabe o que ele fez com esse dado, além de se torturar até a morte). Mas ninguém pisou tanto no calo de Chanel quanto Schiap, também conhecida como A Italiana.

Uma ressalva: sou fã do rosa-choque, a cor-assinatura de Schiap. Gosto também daquele vestido de organza de seda vermelho e branco com a lagosta vermelha na frente, da coleção de verão de 1937. A lagosta foi desenhada por Salvador Dali[24] e o vestido ficou famoso ao ser apresentado por Wallis Simpson como modelo, futura sra. Duque de Windsor, na *American Vogue*. Mas Schiap me desagrada com o sapato-chapéu, que, para que você possa imaginá-lo, era usado com o "bico" de feltro preto apontando para a frente como um boné de motorista e o salto alto apontado para o céu como uma antena de rádio. Dizia-se que ele foi inspirado por Man Ray, que gostava de usar na cabeça os sapatos de sua mulher.

As roupas italianas eram inteligentes. Assim como Chanel fez seu nome feminilizando as roupas masculinas, Schiap fez o dela mostrando que as roupas podem ser elegantes e ao mesmo tempo divertidas, brincalhonas. Cristóbal Balenciaga, o basco enigmático inovador da moda, disse: "Coco tinha muito pouco gosto, mas isso era bom. Schiap, por outro lado, tinha muito bom gosto, mas isso era mau". A conclusão, no que diz respeito a nós, modernas, é a seguinte: se as calças esportivas relaxadas são o fim da linha da filosofia da

---

[24] Dali não teve permissão para atirar maionese na manequim para uma plena experiência surreal.

moda de Chanel, então as horríveis malhas com um excesso de enfeites (*holiday sweaters*) são culpa de Schiap.

De qualquer forma, como alguém que se proclama apologista de Coco Chanel, tenho obrigação e ao mesmo tempo prazer em ressaltar que ela se horrorizava com as bobagens que A Italiana cometia. Ela acreditava firmemente que as mulheres devem ser belas, e não excêntricas.

Algumas coisas em Schiap devem ter feito Chanel torcer o nariz para ela. Primeiro, e talvez sobretudo, a mulher nasceu num palácio, o Palazzo Corsini, em Roma, onde seu pai, um intelectual italiano, era condignamente remunerado para dirigir a biblioteca da casa. Sua família incluía o famoso astrônomo Giovanni Schiaparelli, que deu nome aos mares e continentes de Marte e compartilhou o amor às estrelas com a sobrinha, em cujas bochechinhas ele identificou manchas minúsculas com uma disposição semelhante à da Ursa Maior, e por isso ele a chamava assim. (Se prestar bem atenção, você irá ouvir o som da risadinha de deboche de Chanel na sua sepultura.) Schiap foi uma estudante indisciplinada de filosofia na Universidade de Roma, antes de publicar uma coleção de poesias com a eterna mistura adolescente de sexo e misticismo que levou seu pai a colocá-la num convento e depois, quando ela insistiu numa greve de fome, a apressar-se a levá-la de volta para casa.

Toda essa atenção masculina, com amor paterno, proibições e resgates, e apelidos por causa de sardas! Compare e contraste, por favor, com o nascimento ilegítimo no asilo, a morte da sua mãe, o abandono do seu pai, o orfanato. Como tudo isso deve tê-la aborrecido. Ninguém sabe ao certo o quanto ela realmente sabia sobre a sua rival, mas podemos supor que assim como a maioria das pessoas astutas que sabem mais do que revelam, Chanel estava bem inteirada das diferenças entre elas.

Chanel era a rainha incontestável da moda na década de 1920, mas em 1930 Schiap ameaçava destroná-la. No final da década, Chanel estava mostrando roupas que eram definitivamente mais femininas do que as roupas masculinas feminilizadas com que havia feito tanto sucesso depois da guerra. A cintura baixa e as roupas que escondiam o busto foram banidas; agora era a vez dos vestidos que modelavam as formas com corpetes blusados, dos cintos e das saias ondulantes. Chanel continuava mostrando seus *tailleurs*, mas com punhos de babados e acabamento em laço na altura do pescoço. Estava numa fase séria de branco e preto, e se queria o realce de uma cor, era normalmente verde ou marrom, ou aquela pitadinha festiva de vermelho. As roupas de noite eram positivamente exageradas, se medidas pelos seus padrões austeros — ela lançou mão das lantejoulas, gostando de misturá-las com cetim ou chiffon de seda. As saias e as mangas eram fartas, a cintura apertada, com um efeito geral muito bonito e suave. Ela introduziu saias ciganas, encantadores casaquinhos tipo bolero, camélias no cabelo.

Enquanto isso Schiap, que havia avançado com dificuldade durante a década de 1920, entrou para o primeiro escalão com um único suéter. Seu suéter preto tinha uma gola branca de marinheiro com laço na frente, mas era uma gola falsa, um mero desenho branco, com punhos brancos repetindo a ideia na ponta das mangas. Foi um arremedo atrevido numa época em que as roupas, particularmente a alta costura, eram uma questão séria. A *American Vogue* — território de Chanel! — declarou que o suéter era uma "obra-prima artística".

Schiap começou a criar roupas esportivas. Pôs zíperes nas mangas dos casacos para esquiar e criou um maiô com sutiã embutido. Em 1934 causou sensação criando um casaco que se fechava não com botões, mas com um par de mãozinhas de plástico. Parece que a Musa resolveu fazer as malas e se mudar da Rue Cambon para a Place Vendome, uma rua acima, onde Schiap abriu um ateliê. O Ritz, onde Chanel tinha um apartamento, abre-se para a Place; a entrada do fundo, perto do Hemingway Bar, fica do outro lado da rua em relação à Chanel Modes. Afirma-se que Schiap disse com um sorrisinho: "Coitada da Chanel; ela tem de usar a porta de trás do Ritz enquanto eu entro pela porta da frente!"

Schiap era petulante. Criou uma coleção de seda estampada com seus próprios recortes de jornal. Prevendo todo o alvoroço que cercaria a semana da moda moderna, deu nome às suas coleções. Lançou uma Coleção Zodíaco, uma Coleção Circo e em 1939 mostrou as duas junto com uma coleção baseada na Commedia dell'Arte que apresentava casacos com os retalhos em losangos das roupas dos arlequins e zíperes com sininhos minúsculos. Ela adorava os cortes clássicos em cores extravagantes: púrpura, rosa-choque e preto. "O bom *design* está sempre se equilibrando para não cair no mau gosto", dizia ela. Como Chanel, A Italiana gostava de produzir máximas. Ela até fez circular os seus Doze Mandamentos para as Mulheres, e uma vez que este é um livro com um título quase religioso, vou incluí-los aqui:

1.Uma vez que a maioria das mulheres não se conhece, elas devem tentar fazer isso. (*Não me diga!*)

2. Uma mulher que compra um vestido caro e faz mudanças nele, frequentemente com um resultado desastroso, é extravagante e tola.

3. A maioria das mulheres é cega para cores. Elas deviam pedir sugestões. (*Isso dito por uma mulher que emparelhava azul-claro esverdeado com o vermelho do carro de bombeiros.*)

4. Lembre-se: 20% das mulheres têm complexo de inferioridade. Setenta por cento têm ilusões. (*E 87,2 por cento das estatísticas são feitas sumariamente.*)

5. Noventa por cento das mulheres têm medo de aparecer muito e do que as pessoas vão dizer. Por isso compram um conjunto cinza. Elas deviam ousar ser diferentes. (*Esse foi um golpe direto em Chanel; Moisés, o sujeito que fez os mandamentos originais, nunca teria se permitido comentários sarcásticos.*)

6. As mulheres devem ouvir e pedir apenas críticas e conselhos abalizados. (*Se os homens também tivessem sido alertados para seguir esse mandamento, o mundo teria sido poupado das calças de brim com barra e pregas nas calças.*)

7. Mulheres devem escolher suas roupas sozinhas ou na companhia de um homem.

8. Elas nunca devem comprar com outra mulher, que às vezes consciente ou inconscientemente é capaz de ter inveja. (*Fique com os seus chapéus malucos e deixe a análise para Freud.*)

9. Ela deve comprar pouco e somente o melhor ou o mais barato. (*Heim?*)

10. Nunca faça o vestido se ajustar ao corpo, mas treine o corpo para se ajustar ao vestido. (*Então é ELA a responsável pela prática da dieta para entrar no vestido tamanho único muito pequeno que você comprou para o casamento da sua melhor amiga!*)

11. Uma mulher deve comprar preferivelmente num lugar onde ela é conhecida e respeitada, sem ficar correndo de uma loja para outra experimentando todas as modas novas. (*Perdão. Chapéu-sapato para todo mundo?*)

12. E ela deve pagar as suas contas. (*Não me diga!*)

Chanel deve ter se enfurecido quando uma reportagem da revista *Time* no verão de 1934 colocou a sua casa entre as mais importantes, mas ressaltando que no entanto não era "no presente a influência mais dominante na moda", enquanto Schiap foi saudada como um dos "árbitros da alta costura ultramoderna".

Talvez o pior de tudo: Schiap começou a vestir as mais ousadas do *crème de la crème*. Greta Garbo prestigiava Schiap, assim como a princesa de Gales. Anita Loos, a autora americana de *Os homens preferem as loiras*, era fã de Schiap, e também a elegante celebridade Daisy Fellowes, herdeira das máquinas de costura Singer.

Pode ser que ele vá em frente. E este é um dos principais problemas de um arquirrival: pode ser que ele vá em frente. E em frente. E EM FRENTE. Pode-se enlouquecer pensando nessa pessoa que está surrupiando a sua ideia, falando mal de você por todo o bairro, roubando a suas Queridinhas bem debaixo do seu nariz. Você se lembra da máxima brilhante de Chanel, embora ligeiramente pretensiosa, sobre a moda estar no ar, trazida pelo vento? Bem, os murmúrios trazidos pelos ventos de Paris eram que as mulheres atrevidas, confiantes, brincalhonas e individualistas eram mulheres Schiaparelli. As menininhas cautelosas, temerosas de dar um passo em falso na moda eram as mulheres Chanel. Parece que ela estava indo em frente.

O tempo passou. Isso é uma coisa com que podemos contar, e uma coisa que no íntimo Chanel sabia. Ela era capaz de ficar à espera por muitos anos. Schiap produziu uma coleção com tema militar na primavera de 1940, apresentando tafetás com estampa de camuflagem. Quando a guerra recrudesceu, Schiap voou para Nova York (Chanel estava escondida no Ritz ocupado pelos alemães), depois voltou para Paris, depois voltou para Nova York, depois voltou para Paris quando a guerra terminou. No início dos anos 1950 ela já não conseguia mais vender o que quisesse segundo o seu capricho. Suponho que duas guerras mundiais no decorrer de poucas décadas tenham tendido a fazer com que uma confecção como o Casaco Escrivaninha — outra colaboração com Dali, apresentando gavetas de escrivaninha em vez de bolsos — não chegasse a parecer nem mesmo engraçada. Ela fechou sua casa em 1954, mesmo ano da volta de Chanel.

Ha!

Chanel tripudiou como uma louca? Certamente. Mas a solução pública adotada para lidar com a sua primeira concorrente genuína foi agir como se não houvesse competição, uma atitude que ela aperfeiçoou nos tempos da sua *amiguinha* em Royallieu. Sua recusa a dar a Schiap um mínimo de crédito foi absoluta. Dependendo do quanto o seu lábio estava franzido no momento, Chanel se referia a ela como "aquela artista italiana que desenha roupas" ou simplesmente "aquela italiana". Quando Chanel fechou a Maison Chanel em setembro de 1939 o que se dizia era que ela não conseguia mais ser a segunda. Ela afirmou que estava simplesmente exausta (e estava), e além disso havia o probleminha de outra guerra mundial desenrolando-se na sua porta.

Todas as melhores máximas de Chanel são ligeiramente obscuras, paradoxais. Talvez a mais famosa seja "Elegância é recusa", que pode significar uma porção de coisas, desde recusar manteiga derretida na sua pipoca até recusar prestar demasiada atenção — ou qualquer atenção — à sua rival.

❈ ❈ ❈

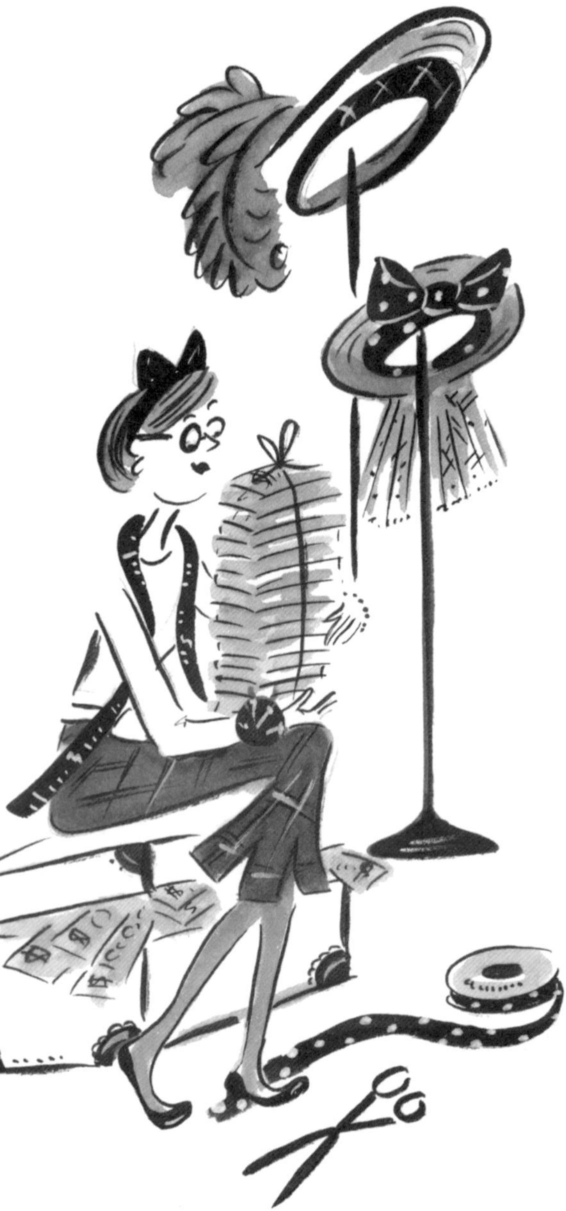

# 8

## SOBRE DINHEIRO

*"O dinheiro é um bom criado e um mau patrão."*

Mais ou menos na época em que percebi que jamais compraria um casaquinho Chanel de cinco mil dólares da coleção Primavera 2005, ou de qualquer outra coleção (o que coincidiu com a crise do mercado financeiro e a percepção de que muito provavelmente eu teria de tentar vender num brechó os meus poucos casaquinhos elegantes), uma revista me propôs um trabalho que me deixaria a seis horas de Paris pelo trem-bala.

O simples sincronismo dessa oferta de trabalho — o email do redator da revista na minha caixa de correio no exato momento em que eu via no eBay se ainda não tinha sido vendido um interessante casaquinho de lã *mohair*, mais ou menos de 1964, em oferta por 47 dólares — manteve viva a minha esperança. Longe de ter acabado, a minha busca de um casaquinho Chanel estava apenas começando. Claro que eu nunca encontraria na internet uma peça da história da alta costura. Onde é que eu estava com a cabeça? A internet é boa para encontrar livros fora de catálogo, namorados da escola secundária e uma oficina confiável para trocar o amortecedor do carro (sem falar em pornografia, o que eu não vou fazer, por ser um assunto totalmente diferente), enfim, é um terreno baldio, e é pura loucura estética procurar *online* alguma coisa tão requintada quanto um casaquinho Chanel *vintage*. Segundo Coco, "o luxo está não na opulência e nos ornatos, mas na ausência de vulgaridade. A vulgaridade é a palavra mais feia da nossa língua. Permaneço em atividade para combatê-la"[25].

Eu também me manterei em atividade para combatê-la! E que ninguém se iluda: é uma luta... que não chega a ser exatamente uma luta. Mas caminhar pelas ruas estreitas de Paris ou tentar se posicionar graciosamente no assento da cadeira de um bistrô, aquelas cadeiras Thonet que estão em todos os bistrôs — por favor, não vá me deixar na mão, velho assento de palha que sustentou o traseiro de um milhão de miúdas *mademoiselles* francesas desde o reinado de sei lá quem — desafia a minha autopercepção como uma mulher de tamanho normal, se não médio, para a minha altura.[26]

No W.C. menor que uma cabine telefônica, com os meus ombros largos e a minha bolsa onde cabem multidões eu quase não consigo me virar, muito menos sentar, levantar-me e descobrir como se aciona a descarga (os banheiros da França têm mais métodos de dar descarga do que tipos de queijos). Sou um Gúliver entre os lilliputianos. Sou um cavalo de tração, de natureza perseverante e temperamento plácido, com cascos do tamanho de pratos de jantar, de pé no meio do pasto cheio de puros-sangues parisienses de tornozelos frágeis, narizinhos miúdos, que riem com desdém e têm sangue quente.

Não quero explicar por que as francesas não engordam. Sabemos qual é a disciplina: porções pequenas, nada de comer entre as refeições, fumar como uma... francesa. Minha tese é esta: pegue essa "vivacidade" *extra-large*, que a americana típica inevitavelmente leva

---

25 Pode-se apenas imaginar como Chanel reagiria à vulgaridade espalhafatosa da internet, com seus anúncios coloridos, os *pop-ups* e os spams.

26 Meço 1,75m, peso 64,5kg. Minhas clavículas aparecem, assim como os ossos ilíacos, quando estou deitada de costas, desde que eu não tenha comido uma tigela de pipoca.

consigo para Paris, e multiplique-a por, digamos, quatro (o manequim em que a alta costura deixa de existir, com exceção de uns poucos espécimes esparsos) e você pode ter uma ideia do que sentimos quando saímos em busca de Chanel em Paris.

Didier Ludot tem duas lojas que vendem peças *vintage* na Galerie Montpensier, dentro do Palais-Royal — que não tem sido um palácio de fato desde que Luís XIV passou a infância lá. O prédio foi virado de cabeça para baixo por um primo do Rei Sol em meados do século XIX, e nessa ocasião ele instalou a arcada com lojas. Era um centro de diversão, jogo e deboches pré-revolucionários. Então aconteceram os distúrbios de rua da Revolução de 1848, depois o palácio foi quase destruído por um incêndio durante a Comuna de 1871, depois foi ainda mais agredido em 1986, quando se permitiu ao escultor Daniel Buren fincar no pátio um campo de coluninhas de pedra listradas de preto e branco. Durante o reinado de Chanel, Cocteau tinha ali um apartamento, assim como Colette.

Ludot tem dois endereços na arcada. Uma loja aberta e outra que só abre para quem marca um horário. A loja aberta — presumivelmente NÃO foi lá que Reese Witherspoon comprou o Dior *vintage* de 1956 que ela usou no Oscar — parece um enorme ninho forrado com casaquinhos, casacos, vestidos de dia, vestidos de noite, sapatos, bolsas e acessórios *vintage*, mas não *vintage vintage*. É na loja só com hora marcada que estão os tesouros: o Dior de meio século, o Givenchy, o Jacques Fath, o Schiaparelli (ela, mais uma vez!) e, obviamente, o Chanel.

Logo na entrada da loja comum vê-se à direita uma prateleira cheia de casaquinhos e *tailleurs* Chanel. A maioria deles cor-de-rosa ou laranja, das coleções de 1980. São peças de Lagerfeld. Entrei apressadamente para dar uma olhada. A loja não é muito maior que um elevador americano. (Nos elevadores franceses cabe uma supermodel e sua mala de rodinhas.)

Eu estava nervosa com a perspectiva de encontrar Ludot — alguém pode ser mais esnobe do que um francês que vende *haute cou-*

*ture vintage?* —, mas quando Kathy (minha amiga e companheira de viagem) e eu entramos na sua minúscula loja no Palais-Royal não havia nenhum Ludot, apenas uma vendedora francesa do tipo padrão, de pé no meio da loja, ou seja, a 8cm do meu cotovelo. Ela estava com um sapato vermelho de salto alto e um vestido preto de um tecido espacial com um corte que o fazia parecer uma capa impermeável. Ou talvez fosse realmente uma capa. Seu cabelo era preto e curto, com cachos caídos na testa; ela não era nem bonita nem feia, mas como todas as mulheres francesas, era *ela própria*, única.

A vendedora nos mediu mas não disse nada. Pensei: será que ela ficou aliviada por estar liberada de usar o equivalente ao "som de advertência"[27] do filme *Invasão dos violadores* ouvido nas lojas de grifes de luxo da Avenue Montaigne?

Você não está entendendo o que eu pretendo com essa comparação obscura da cultura pop? Entre, por exemplo, na Fendi usando uma Levi's 501 e um par de óculos comprado no magazine e veja o que acontece em seguida. Depois de passar pelo segurança vestido de azul-marinho, que meneia a cabeça enquanto lhe abre a porta dirigindo-lhe um ligeiro franzido de compaixão, as vendedoras começam a crocitar: "*Bonjour* madame! *Bonjour* madame!" Não é imaginação sua — elas a estão avaliando e não gostam do que veem (são botas de *cowboy* o que você tem nos pés?). Seus gritos são agudos e prementes, avisando às colegas mais para o interior da loja — depois dos óculos e bolsas, dos perfumes e batons (as coisas com que as americanas da classe média costumam se regalar, esperando se sentirem tão chiques quanto as mulheres de olhos escuros e longas pernas que são amantes dos bilionários magnatas industriais russos ou japoneses), já no território das camisetas de 1.500 dólares e dos casacos de 10kg — que uma americana alta vestindo uma malha Gap

---

27 Toda vez que um dos cadáveres roubados percebia no meio deles um ser humano não roubado ele apontava e emitia um uivo medonho e muito alto, do outro mundo.

## SOBRE DINHEIRO

de gola olímpica e com uma bolsa da Fóssil, ou seja, alguém que absolutamente não tem o que fazer aqui, está avançando, avançando, *avançando* em direção a... não ouso chamar aquilo de *roupas*, porque assim não estaria transmitindo o grau em que eu, uma humilde usuária de J.Crew, sou capaz de contaminar aqueles trajes que são a pura excelência... *Bonjour* madame! *Bonjour* madame! Agora você está estendendo a mão na direção de um casaquinho. *Bonjour* madame! Você está na verdade... pondo a mão nele! Você está... tirando o casaquinho do cabide! *Bonjour* madame! *Bonjour* madame! *Bonjour* madame! Nos fundos, cada peça fabulosa tem a sua própria representante de vendas, que paira, torcendo as mãozinhas, enquanto você agarra a mercadoria com patas que não receberam a atenção da manicure desde o governo Bush.

Mas a vendedora da Ludot foi poupada disso. Tudo o que ela teve de fazer foi marcar a minha cabeça com o ferro em brasa do olhar que me dirigiu. Perguntei-lhe se ela teria um Chanel da década de 1960. "Aqui não temos", disse ela.

"Oh!", disse eu. "Que pena, eu queria muuuito ver um Chanel genuíno. Na verdade eu adoraria ter um. Quer dizer, eu estou atrás de um casaquinho. Adoraria um vestido, mas onde é que eu poderia usar um vestido "traje passeio completo" de Chanel? Eu não tenho esse tipo de vida, não porque não queira. Até que eu gostaria. Mas na verdade eu estou interessada é no casaquinho, ou até mesmo em apenas ver um casaquinho. Da década de 60, sabe?", concluí claudicante.

"Aqui não temos", disse ela. O telefone tocou, e quando ela desapareceu atrás da cortina, no fundo da loja, eu arrastei Kathy pela manga.

"Vamos ligar avisando", disse ela.

"Devíamos ter feito isso antes de passar aqui", pensei.

Uma fotógrafa francesa, nossa amiga, havia nos dito que precisávamos marcar devidamente a visita à loja. Os franceses têm muita consideração pelos escritores (você se lembra da espada com uma pedra preciosa incrustada que se recebe quando se entra na academia?) e

Ludot seria mais receptivo a me mostrar os artigos interessantes se Kathy telefonasse para ele dizendo-se minha assistente e anunciasse que eu era uma jornalista americana em visita à França para pesquisar sobre Chanel, uma vez que ia escrever um livro sobre ela, e gostaria de marcar uma visita para ver algumas peças *vintage* que ele tinha.

Queixei-me com minha amiga francesa que essa abordagem me parecia formal demais. E daí? Os franceses *são* formais. Com o nosso jeito americano, entronas e falando alto, Kathy e eu havíamos dado um *faux pas* ao aparecermos sem avisar antes.

Resolvemos então que simplesmente íamos esperar uma hora, ligar para a loja usando o celular especial que eu alugara para a viagem — que funciona apenas na Europa — e marcar direitinho a visita. Supus que eu não era absolutamente inesquecível (não sendo francesa, eu não era *eu própria*, única) e assim, quando aparecesse no dia seguinte a vendedora não se lembraria de nós, e quanto a Ludot, ele nunca nos vira.

Seguimos pela arcada, demorando-nos diante da janela da loja de Ludot que só abre com hora marcada (estava escuro lá dentro, tudo trancado) para ver se eu conseguia saber quem desenhou o vestido vermelho da vitrine. Passamos para o outro lado. Paramos diante de uma vitrine e tiramos fotos de uma fileira de mãos de manequins, cada uma delas com uma primorosa luva de couro e cada uma das luvas numa cor diferente.

Vinte minutos depois chegamos a uma terceira loja de Ludot, que vendia somente pretinhos. Eu sabia que Monsieur Ludot havia publicado um livro sobre os pretinhos, mas não sabia daquela loja, que vende um *mix* de vestidos "traje passeio completo" *vintage* e uma linha dos seus próprios vestidos, inspirados por grande estilistas de cinquenta anos atrás. Ao contrário das suas lojas de *vintage* que parecem ninhos, forrados com tesouros, La Petite Robe Noire adotou a abordagem mais previsível, mais *clean*, preferida pelas butiques de grifes de luxo.

## SOBRE DINHEIRO

Entramos na loja e tivemos de parar ao vermos uma coisa estranha: um buldogue adorável, velho, estrábico, de pelo mosqueado, sentado num canto embaixo de uma fileira de vestidos. Inicialmente nós achamos que o cachorro era uma estátua, talvez um ornamento qualquer, posto ali como uma brincadeira visual sob as saias de dois mil dólares dos vestidos elegantes. Mas quando nos inclinamos e olhamos embaixo das saias vimos que o cachorro estava ofegando ligeiramente. Um fio de baba brilhante caía do canto dos seus beiços pretos.

Ele era real! Nós demos gritinhos, cacarejamos e arrulhamos como fazem os entusiastas de cachorros no mundo inteiro. Seu arreganho de dentes podia ser um sorriso ou uma careta, e o estrabismo também era um tanto desconcertante, e assim nós não estendemos as mãos para ele cheirar, para ver se ele aprovaria um afaguinho debaixo do queixo. Mas eu quis fazer uma foto. Tirei a tampa da lente da minha máquina mas depois achei que seria educado pedir permissão. Tinha ficado tão hipnotizada pelo cachorro que não chegara a notar a vendedora de pé no meio da loja... e era a mesma vendedora de capa de chuva preta com cachinhos na testa que estava na *outra* loja, aquela que ficou plantada e deu um risinho enquanto eu falava arrebatadamente como uma idiota e na maior deselegância sobre o meu amor por Chanel. Seria uma gêmea idêntica? Uma vampira? E se *não* era ela? Mas era ela.

"S´il vous plaît, je prend une photo le chien?" Nossa, o francês era horroroso, mas era o que eu conseguia falar.

"*Mais, non!*", exclamou ela.

O que fiz em seguida garantiu que eu nunca falaria com Ludot, nunca veria os seus Chanel-Chanel *vintage*, nunca nem mesmo teria a oportunidade de conter o meu choque quando visse que exatamente do mesmo modo como as suas irmãs mais novas — as Lagerfeld-Chanel — que se escancaram para todos no eBay (as lapelas, as etiquetas, o acolchoamento caprichado, a corrente, a bainha), os

Chanel-Chanel custam muitos milhares de euros; eu agradeci e então, enquanto me dirigia à porta, dei meia-volta, agachei-me e tirei uma foto da droga do cachorro — no perfeito estilo correspondente de guerra.
"Madame", zangou-se ela enquanto saíamos correndo. E fechou a porta atrás de nós.
E depois a trancou.

❋ ❋ ❋

Do mesmo modo que a moda levava uns poucos anos para ir de Paris até a Main Street nos Estados Unidos, a quebra da bolsa de 1929 levou uns poucos anos para realmente se instalar na sociedade parisiense. Em 1930 Chanel era a costureira mais cara de Paris e também a mais rica. Seu império se compunha de cerca de 2.400 *premières* (forma contraída de *premières mains*, ou "primeiras mãos"; eram as capitãs do exército de Coco, que traduziam a visão dela para todas as demais); um quadro de costureiras de diferentes categorias e com diferentes salários; dezenas de *arpètes*, uma palavra linda que basicamente significa um trabalho escravo: eram as meninas que sob o disfarce de aprendizes varriam o chão, preparavam café e garantiam que não haveria agulhas no chão; as maravilhosas manequins, que ficavam de pé durante horas seguidas enquanto ela ajustava cada roupa naqueles corpos esguios; as *vendeuses* e as *habilleuses* (as altivas vendedoras e suas assistentes). Chanel tinha em funcionamento 26 ateliês, a maioria dos quais se dedicava a repetir modelos variados para as suas clientes, e uma meia dúzia de "ateliês criativos", onde os novos modelos para as novas coleções eram meticulosamente executados; ela ganhava 120 milhões de francos[28] por ano.

---

[28] Francos antigos. O franco novo entrou em cena em 1960. Valia cem francos antigos. Agora temos o euro, que vale... ah, esqueça, você entendeu. Era muito dinheiro.

Os desfiles de Chanel, que aconteciam duas vezes por ano, eram o evento mais badalado da cidade. A cadeia alimentar dos seus frequentadores incluía.

1. Senhoras incrivelmente ricas — aristocratas, socialites, atrizes de primeira categoria e divas da ópera —, em outras palavras, as clientes que pagavam.
2. Editores de moda da *Vogue, Harper's Bazaar* e outras revistas de luxo, encarregados de divulgar a notícia sobre o que estava chamando a atenção das senhoras incrivelmente ricas.
3. Compradores das grandes lojas de departamentos, Saks Fifth Avenue, Bonwit Teller, Macy's e Altman's, atentos ao que os editores de moda estavam anotando sobre os modelos que estavam chamando a atenção das senhoras incrivelmente ricas.
4. Representantes de confecções, que estavam ali para comprar as roupas mais populares, com as quais eles voltariam correndo para os Estados Unidos para desavergonhadamente copiar e vendê-las para a mulher comum americana.

Chanel era também a beneficiária direta da tendência insana dos exagerados bailes de máscaras que se espalharam como catapora em meados da década de 1930. O Baile Oriental! O Baile do Grande Século! O Baile da Obra-Prima! O Baile da Valsa! Mademoiselle ganhou rios de dinheiro criando para os convidados mais ricos figurinos elaborados e ridiculamente caros. Para um baile de máscaras oferecido por Daisy Fellowes, no qual as pessoas tinham de ir vestidas como alguém que elas conheciam, Chanel ganhou uma pequena fortuna criando vestidos magníficos para os lordes, duques e condes que foram vestidos como a mulher da sua vida (leia: amante).

Chanel começou a sentir o aperto financeiro relativamente tarde. Nos primeiros anos da década ela perdeu encomendas das *socialites* americanas, mas as suas frentes eram várias (Diversificação! A chave certa do sucesso financeiro, de acordo com todos os gurus das finanças) e ela ainda tinha a clientela das ricaças da América do Sul e da Índia. Afirma-se que Chanel sentiu o golpe em 1932 e foi forçada a cortar os preços pela metade, mas não parece que isso a tenha tirado do seu ritmo.

❋ ❋ ❋

O chanelore insiste em que por ser órfã e tendo nascido e sido criada no campo, Chanel não entendia nada de dinheiro.[29] Isso mais parece um boato gerado pela própria Mademoiselle. Como os jogadores de sinuca de classe internacional e as mulheres astutas que se valem do poder de disfarce da feminilidade tradicional (veja o Capítulo 9), era de todo interesse de Chanel ser vista como a camponesa provinciana que ela gostava de acreditar ser, que passava os dias irritando-se por causa do tamanho da bainha e das casas dos botões. Janet Flanner, num artigo publicado na *New Yorker*, disse: "Embora Chanel ganhe muito dinheiro, ela não faz publicidade direito; embora seja brilhantemente competente no que diz respeito às complexidades da alta finança, não consegue fazer somas simples sem uma borracha".

Mas é claro que ela soube ganhar dinheiro, gastar dinheiro e morrer com muito dinheiro. Ela também sabia gostar de ser uma mulher que fez fortuna. No auge da fama, seu maior prazer era contratar as moças da aristocracia para serem vendedoras ou manequins, pagando-lhes mal. Quando ficava sabendo da insatisfação das garotas por ficarem longas horas e ganharem pouco dinheiro, ela lhes sugeria fazerem o que qualquer jovem bonita fazia — encontrar um amante rico e usar seu encanto para conseguir que ele lhe pagasse as contas.

Um dos seus advogados, Robert Chaillet, disse certa vez que Chanel

---

29 O que isso quer dizer, exatamente? Ela não sabia como funcionavam os juros capitalizados diariamente? Não sabia fazer contas?

tinha "a astúcia de um caipira negociante de cavalos". Isso faz tudo parecer tão amigável, tão fácil. Como se a capacidade de lisonjear a pessoa certa do jeito certo na hora certa — um traço que também se atribui a mulheres tolas, não nos esqueçamos — é tudo o que é preciso para acumular e conservar uma vasta fortuna no intervalo de duas guerras mundiais, uma depressão global e uma rebelião dos trabalhadores franceses.

Acumular e conservar uma fortuna exige (além de sorte) alguns hábitos fiscais, praticados com constância de monge durante a vida inteira. Não é particularmente *sexy*, mas é verdade.

※ ※ ※

## Ser e permanecer realmente rico à La Chanel

*Redefina o conceito de dinheiro para que você se sinta bem ao ganhá-lo.*

As pessoas extremamente ricas nunca querem ser vistas como ávidas por dinheiro. Elas se consideram visionárias que desfrutam a liberdade e as oportunidades propiciadas pela sua riqueza. Não querem que a identifiquem como o rei no seu escritório, contando dinheiro. Elas estão escalando montanhas, sejam estas reais ou metafóricas. Bem no fundo elas não são gananciosos Bill Gates da Micro$oft, mas sim o caloroso e atrapalhado Bill Gates da Bill and Melinda Gates Foundation, um "otimista impaciente" que quer erradicar a poliomielite e garantir que todos os agricultores da África Sub-Sahariana tenham a sua própria vaca leiteira e o seu próprio sistema de irrigação.

Chanel não estava interessada no potencial de ação social do seu dinheiro. Na verdade ela bancou o *revival* da *Sagração da primavera* por Diaghilev e ao longo dos anos socorreu o Ballets Russes. Pagou a reabilitação de Cocteau e também mandava uma mesada para o seu poeta louco, Pierre Reverdy. Ela nunca reconheceu publicamente seus irmãos[30] — Lucien havia se tornado vendedor de sapatos e Alphonse vendia assinaturas de jornal —, mas lhes mandava ajuda até o dia em que fechou a Maison Chanel e viu que estava quebrada.

A esse respeito ela era honesta consigo mesma sobre o que o seu dinheiro significava para ela. Era em grande parte o Show Coco. Mas até mesmo *ela* tentou dar a impressão de que o seu amor pelo dinheiro era algo mais nobre do que realmente era. Ela disse: "Existem pessoas que têm dinheiro e pessoas que são ricas".

Supostamente ela estava falando de si mesma como uma das que eram ricas, e não uma das endinheiradas. Mas o que a fazia sentir-se tão rica? Os amantes, que inevitavelmente a desapontavam? Sua amiga, Misia, que frequentemente a deixava quase louca? Suas Queridinhas, que raramente pagavam as contas em dia e confirmaram a sua opinião sobre os bem-nascidos? Seus cavalos de corrida? (Na verdade se poderia argumentar a favor dos cavalos; ela achava que eles eram melhores que os homens.)

Talvez Chanel se sentisse rica porque a sua definição de riqueza incluía o conhecimento de que qualquer que fosse o dia ela estava ganhando o jogo, porque o escore era mantido em francos. Ela se permitia gostar de ganhar dinheiro. Nunca achou que a sua própria competência ameaçasse a percepção que tinha de si mesma como mulher. O dinheiro não era apenas o seu cobertor de segurança. Era a sua permanente volta olímpica da vitória. Era a consciência de que ela não dependia de ninguém, de que ela era capaz de cuidar de si mesma. Ela se deleitava com isso. Tinha dinheiro. Ostentava-o.

---

30 Julie e Antoinette morreram em 1912 e 1920, respectivamente. Não se sabe muita coisa sobre a morte de Julie; Antoinette se apaixonou por um jovem argentino que a levou para Buenos Aires, onde ela contraiu a gripe espanhola e morreu.

## SOBRE DINHEIRO

Aquelas de nós para quem o papel do dinheiro na vida não é tão claro tiveram em geral sorte suficiente para não sofrer uma infância brutal, que as levou a já na puberdade conhecerem as realidades mais desagradáveis da vida: as pessoas morrem; as pessoas nos deixam; a necessidade de dinheiro está sempre presente. Nós[31] tendemos a ser como a mulher entrevistada no livro de Liz Perle, *Money, A Memoir*, que detesta a ideia de pôr dinheiro na poupança porque guardar dinheiro para se socorrer em caso de necessidade a faz lembrar que nenhum apaixonado virá em seu socorro.

Mas mesmo se o príncipe estiver montando o seu corcel branco nesse exato momento de necessidade, consultando os seus estribos e a sua carteira de investimentos, preparando-se para entrar galopando na nossa vida e entregar quantidades intermináveis de grana para o nosso cabeleireiro, para o seguro do carro, para a louça de casa... e se ele se atrasar? E se ao chegar ao local dos fatos ele mudar de ideia? E se ele conseguir que *nós* mudemos de ideia? É aí que reside o problema de esperar ser salva. Acaba-se ficando com pouca escolha. Fica-se com o que dá para ficar. E se temos um temperamento apenas remotamente semelhante ao de Chanel (exigente, apreciador do luxo e resistente a concessões), estamos perdidas.

Eu poderia prosseguir, mas em vez disso leia o livro de Perle e chore. Ou então você pode adotar a atitude um tanto dissimulada de Chanel em relação ao dinheiro — é divertido ganhar, ter e gastar — e esquecer completamente o ranger de dentes.

*Deseje pouco.*

Esse título é um tanto enganador. Chanel adorava a opulência e insistia em se cercar de coisas bonitas. Depois que a Chanel Modes começou a dar lucro, a primeira coisa que ela fez foi comprar um

---

[31] Você está surpresa por esse "nós" imperial? Eu estou falando de mim mesma, claro, mas talvez isso se aplique pelo menos a umas poucas de vocês.

Rolls Royce e contratar um motorista (a quem ela insistia em chamar de seu mecânico). Seu apartamento na Rue du Faubourg Saint Honoré, com o imenso jardim rústico, era palaciano. Seus vizinhos eram o presidente da França e a Embaixada da Grã-Bretanha. Os biombos de Coromandel, do século XVII[32], pelos quais ela foi apaixonada durante toda a sua vida, definiam as salas mobiliadas com antiguidades Luís XIV, lustres de cristal e pesados espelhos dourados. O seu credo de Simplicidade Agora! obviamente não se estendia à decoração da casa.

Mas muito embora insistindo em ter o melhor de tudo, Chanel não insistia em *ter tudo*. Ela poderia ter facilmente patrocinado um time de polo, ser proprietária de muitos carros, mantido um iate e sua tripulação. Ela poderia ter investido em quadros de Pablo Picasso e comprado joias para si mesma (em vez disso ela gostava de desfazer os presentes preciosos dados pelos ex-amantes e usar as pedras nas suas criações). Aliás, ela poderia ter tido roupas. Ela só usava o que saía dos seus ateliês, mas havia períodos na sua vida em que estava tão ocupada que não tinha nada além de dois ou três conjuntos.

Para ser justa com todos os ricos esbanjadores que conseguem gastar seus milhões sem precisar suar a camisa, na época em que Chanel estava agitando a sociedade parisiense não havia tanta coisa para comprar. Imagino que ela teria se divertido bastante num jatinho particular com Bill e Warren e sua tigela de balas de goma, mas isso ainda não tinha sido inventado.

Chanel também disse: "Precisamos ter a maior agilidade possível. Nunca deixar ninguém fazer para nós o que nós próprios podemos

---

[32] Recebendo o nome do porto indiano próximo a Madras, de onde eles eram embarcados, esses biombos chineses eram feitos com métodos que datam do século XVII. Cada painel de madeira era coberto primeiro com argila antes de artesãos altamente treinados desenharem complicadas cenas da vida chinesa, que normalmente incluíam uma garça-real. Contando quase sempre com outras decorações de jade, porcelana e pedras preciosas, o biombo era concluído com quarenta camadas de laca. Os biombos de Chanel eram lendários.

fazer". Desculpe, mas tenho de dizer que isso é bobagem. Esse aforismo era um belo exemplo do "faça o que eu falo mas não faça o que eu faço". Desde que Chanel chegou em Royallieu acho que não se passou um único dia sem que um pelotão de criados estivesse à disposição para atendê-la no que tecnicamente ela própria poderia fazer. Quando teve dinheiro, ela empregou um mordomo. Fora atender a porta, o que faz um mordomo, exatamente, além de transmitir as ordens do patrão, ordens essas que, dada a sua personalidade despótica, Chanel deve ter tido um prazer imenso em dar?

De qualquer forma a questão continua sendo interessante. Preocupar-se em contratar um *personal trainer*, um profissional organizador de armários, um guru ou, infelizmente, o adorável vizinho que está sem emprego e se ofereceu para arrumar o seu jardim. Afirma-se que a jardinagem traz muitos benefícios para a saúde (dos quais eu não me lembro no momento).

*Mantenha o menor número de casas possível.*

Dada a sua renda e a sua capacidade de fazer dinheiro, Chanel também poderia ter adquirido muito mais propriedades rurais. É com elas que os ricos realmente mostram ao mundo quantos zeros têm. Chanel poderia facilmente ter comprado muitas residências perto de Paris[33], sem falar na Inglaterra e em St. Moritz, onde ela gostava de esquiar, e um pedacinho de terra no Upper East Side. Mas Chanel tinha horror a dívidas. "Devemos viver de acordo com os nossos meios", disse ela. "Do contrário haverá sempre aquela coisa a mais incomodando-nos. Nunca tenha uma casa grande. Não se enrosque nisso."

---

33 Durante a eleição presidencial de 2008 revelou-se que o candidato John McCain tinha pelo menos sete propriedades, três das quais eram condomínios em Phoenix. Para que até mesmo uma pessoa riquíssima precisaria de um único condomínio inteiro em Phoenix continua sendo para mim um mistério.

Inicialmente ela entrou no jogo, depois perdeu o interesse na grande dor-de-cabeça que acompanha a aquisição de imóveis. Quanto mais rica ficava, mais ela reduzia. A casa grande em Paris/o castelo em Biarritz/outras vilas espalhadas pelo campo da França cederam lugar a La Pausa, sua casa em Roquebrune, na Cote d´Azur, e um conjunto de cômodos no Ritz, que ela fez minguar ainda mais, chegando a um quarto de paredes desguarnecidas, onde ela dormia, e uns poucos cômodos sobre a sua loja da Rue Cambon, onde ela se divertia.

Pouco antes de os alemães terem marchado sobre Paris em 1940, Chanel convenceu a administração do Ritz a construir para ela um quarto minúsculo a que ela tinha acesso por uma escadinha saída da sua sala de estar; o quarto era tão simples quanto o seu quartinho em Aubazine, com roupa de cama branca, um ícone russo dado por Igor Stravinsky e na mesinha de cabeceira, ainda funcionando, o relógio tirado do pulso de Boy Capel no dia da sua morte.

### Leve em consideração a sabedoria de Jackie O.

Anos atrás tive a chance de conhecer Jackie Onassis num evento literário na Biblioteca Kennedy em Boston. Na ocasião a sra. Onassis era editora da Doubleday. De passagem, faço questão de comentar: os petiscos servidos eram os de sempre, ou seja, queijo Brie, vinho branco e castanhas mistas. Nada de especial. Então correu a notícia, vinda sabe-se lá de onde — de acordo com a minha lembrança estou certa de ter visto um dos seguranças da biblioteca falar no seu relógio de pulso — e subitamente a multidão entrou em rebuliço. Ela está chegando! Ela está chegando! O queijo Brie desapareceu, as humildes bolachas salgadas desapareceram, desapareceram as castanhas mistas com a presença marcante dos amendoins e apareceram as ostras, os camarões no palito, o filé-mignon com agrião sobre torradinhas de pão de centeio. Até hoje me pergunto se sempre seria assim na Biblioteca Kennedy, com um refinado bufê de reserva para o caso de um dos Kennedy aparecer.

## SOBRE DINHEIRO

Eu estava jogando conversa fora com uma amiga que havia acabado de se casar. Então a sra. Onassis, que estava bem do nosso lado, virou-se e, pondo as mãos no ombro de cada uma de nós, disse[34]: "Gostaria de compartilhar com todas as jovens que encontro o que eu aprendi, porque teria sido muito melhor se eu tivesse sabido isso na idade de vocês: nunca se casem, nunca misturem o seu dinheiro".

O desejo de Chanel de nunca ser um peso para um homem repercute esse conselho. Por ter feito questão de começar a trabalhar para ganhar dinheiro, ela foi capaz de ter com seus amantes qualquer tipo de relação que imaginava. Ela nunca se sentiu devedora, o que sempre facilita muito as coisas. Os dois podem relaxar. Isso também lhe permitiu continuar amiga dos seus amantes depois que o romance terminava, porque não havia contabilidade pendente. Depois do término do seu *affair* com o duque de Westminster ela lhe devolveu o talão de cheques em branco que ele lhe havia dado, sem ter jamais preenchido um único cheque da sua conta. Uma vez que ele era o homem mais rico da Europa, isso era pura teimosia da parte dela, mas enfim...

### *Encontre um jeito de ser generosa.*

"As gorjetas são dinheiro investido para o conforto", de acordo com Chanel. Não estou falando dos 10% do valor do cheeseburguer com refrigerante diet.[35] Chanel rotincirumente dava roupas a mulheres que ela considerava que iriam vesti-las bem; e embora fosse avarenta com as suas empregadas, era reconhecidamente generosa com quase todas as outras pessoas.

---

34 Deve ter havido alguma apresentação antes de ela irromper e oferecer seu comentário, porque todos dizem que a sra. O era a mulher mais encantadora que já existiu.

35 Chanel nunca levava dinheiro consigo, fora um maço com notas de 10 francos, achando que dar menos que isso como gorjeta era um insulto.

Certa vez, quando sua égua venceu uma corrida, ela deu de presente ao jóquei uma televisão portátil. Mas antes de entregá-la se lembrou de que ele havia acabado de se casar e então achou que precisava também dar algo à moça. Assim, procurou na sua caixa de joias até encontrar uma esmeralda, proclamou que a pedra era linda e a mandou junto com a televisão. A esmeralda valia tranquilamente vários milhões de francos.

Robert Streitz, o jovem arquiteto americano que projetou a casa de Chanel em La Pausa, lembrou que um dia chegou atrasado para o almoço. Mademoiselle viajava de Paris até o sul da França uma vez por mês a fim de fiscalizar o andamento da construção e o pessoal em geral. Ela também gostava de subir nas oliveiras centenárias que havia transplantado de Antibes. O carro de Streitz quebrou no caminho de Roquebrune e ele foi forçado a pegar um ônibus. Pediu mil desculpas. Como muita gente, ele se sentia intimidado pelo humor fino, pela inteligência e, sim, por todo o dinheiro (ela havia gasto seis milhões construindo a vila de sonhos que Streitz projetou, três vezes o valor do terreno); ele imaginou que ouviria uma bela descompostura. Em vez disso Chanel foi simpática. Pediu ao mordomo que lhe trouxesse as chaves do seu carro — idêntico ao do arquiteto —, estacionado na garagem. Streitz achou que a intenção dela era emprestar-lhe o carro e lhe prometeu que o devolveria dentro de uma semana. Mas tinha se equivocado: Chanel estava lhe *dando* o carro. De qualquer forma ela nunca o dirigia...

※ ※ ※

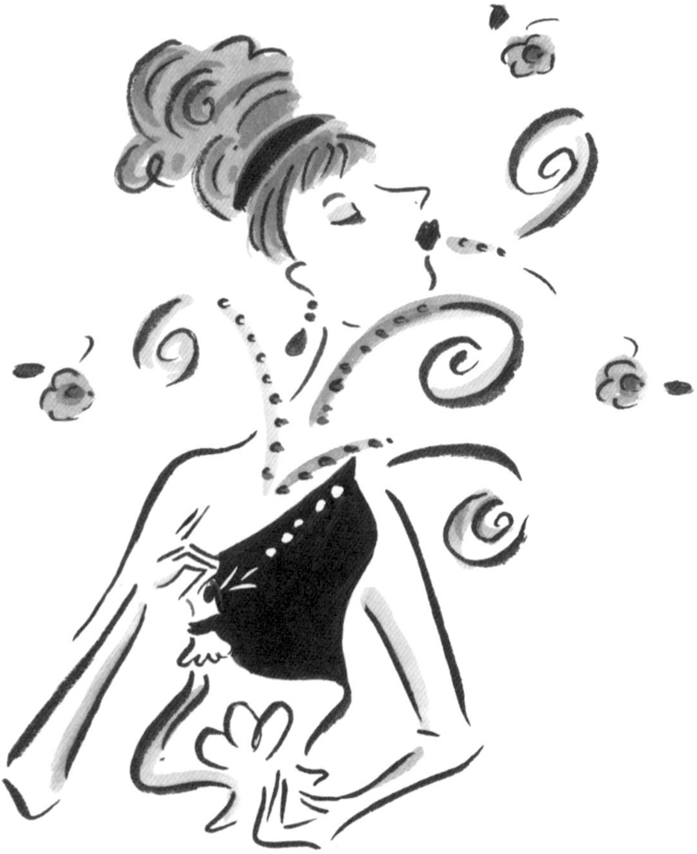

# 9

# SOBRE FEMINILIDADE

*"Uma mulher que não usa perfume não tem futuro."*

Eu nunca entraria nesse assunto complicado se Chanel não tivesse dito: "Eu não tenho nada de masculino". (Isso partindo de uma mulher competitiva, agressiva, que gostava de julgar, destemida, confiante, ocupada consigo mesma e capaz de grandes façanhas — traços que nós associamos à masculinidade.) Ele apresenta várias questões que me dão a sensação desconfortável provocada pelas questões existenciais difíceis ou impossíveis de responder. Como por exemplo: O que é feminilidade?

Estamos numa época estranha para o conceito de feminilidade. O feminismo está por toda parte. Pode-se discutir muito sobre ele. Vivemos num momento cultural em que as pessoas estão sempre lutando por igualdade no trabalho, direitos de reprodução e discutindo a questão de se ao embebedarem-se no recesso escolar da primavera e mostrarem o traseiro para a equipe de filmagem de *Girls Gone Wild* as mulheres estão adquirindo mais poder ou não. As feministas jovens deploram as antigas feministas, que alegam que se não fosse pelos sacrifícios da geração que queimou os sutiãs o feminismo não existiria. E há as mulheres que se recusam a se identificar como feministas, embora ainda afirmem que acreditam em direitos iguais para as mulheres. (Quem não acredita, fora os malucos fundamentalistas?) Os ataques acontecem sobretudo na internet, mas volta e meia aparece um livro como o benigno e sensível *The Feminine Mistake*, de Leslie Bennet[36] e todo mundo volta a ficar exaltado. Mas ninguém está realmente interessado em *feminilidade* em si. Como uma ideia que precisa ser trabalhada, ela não funciona; ficamos perfeitamente bem sem ela, assim como sem o açúcar, os condimentos e tudo o que é bom. Isso nos deixa desprovidas quando se trata de buscar uma definição viável.

Parece que há dois tipos de feminilidade nos tempos modernos. O primeiro é a versão do Concentre-se na Família, que exorta as mulheres a adotar a sua feminilidade ordenada por Deus sendo dóceis, gentis, submissas, puras, tranquilas e dispostas a se sacrificar (mesmo com a ajuda divina é impossível incorporar sempre esses traços sem a ajuda de sedativos).

O segundo modelo é o *Sex and the City*, mais popular, embora igualmente difícil de realizar. Ele propõe que as mulheres femininas são adoráveis, eternamente excitadas, têm fetiche por sapatos e brindam com coquetéis de cores intensíssimas. Suas carreiras servem apenas para explicar com que dinheiro elas pagam as roupas, sapatos, joias, tratamentos em spas e bebidas caras. Existem homens na vida delas, mas ao discuti-los elas mais parecem orquidófilos avaliando os desafios de uma espécie particularmente exigente que se recusa a prosperar. Na verdade essas feministas não gostam dos homens — elas gostam de comprar coisas bonitas e gostam umas das outras.

Certamente não é assim que Chanel se via. Chanel é a mulher que disse: "Assim que põe o pé num iate, você pertence a algum homem, não a si mesma, e você morre de tédio".

---

36 O livro provocou histeria ao sugerir que a mulher deve ter algo de valor ou uma poupança caso o marido e provedor perca o emprego (por exemplo na Lehman Brothers), se separe dela ou morra. Para muitas mulheres Leslie Bennet estava condenando a opção delas de ficar em casa cuidando dos filhos, ao mencionar que frequentemente a vida pode se tornar uma droga.

Deixando de lado por um momento o fato de Chanel ser constitucionalmente incapaz de ser dócil, gentil e — sinto muito — *carinhosa* do modo como exige a feminilidade, ela simplesmente desconfiava dos homens. Como seria possível que ela confiasse neles depois de seu pai a ter despejado na casa da mãe dele e depois desaparecido? Era impossível até mesmo *pensar* em usar a feminilidade esperando atrair um homem para que ele tomasse conta dela em troca da sua independência. Ela sabia muito bem que era loucura colocar a sua sobrevivência nas mãos de outra pessoa. Sua mãe havia tomado esse caminho e onde foi que ele a levou? À morte — aos 32 anos, causada por uma doença curável.

Chanel sabia que a simples álgebra das relações homem-mulher não calcula e jamais calculou. A+B não é igual a B+A, e toda a confusão continua girando em torno disso. Nas ligações tradicionais em que Ela cuida Dele para que Ele possa cuidar de ganhar dinheiro, se Ela é atropelada por um ônibus, Ele ainda pode sustentar-se e aos seus filhos, e o fato de a família usar roupas descombinadas não é tão grave. Também há restaurantes e lanchonetes abertas 24 horas e ninguém jamais perdeu o emprego porque Ele deixou de pegar as roupas na lavanderia. E, além disso, Ele sempre pode conseguir outra Ela, e, se as estatísticas são confiáveis, na maioria das vezes Ele consegue.

Se, por outro lado, Ele é atropelado pelo ônibus, nada do que ela fez como contribuição para a sociedade familiar irá ajudar a comprar a comida, o que fica patente depois de mais ou menos cinco horas — o tempo que leva para um ser humano médio sentir o estômago roncar. Se isso fosse tão óbvio quanto parece, apenas as mulheres com aplicações financeiras em fundos se permitiriam depender de alguém para pagar as contas.

É verdade que Chanel não estava acima de mimar os homens na venerável tradição feminina. Até ficar bem velha, ela frequentemente mergulhava a mão no seu balaio de estratagemas femininos. Mas a beleza, o encanto, o humor fino e a capacidade de manipulação de que ela era dotada sempre foram usados não para obter o que ela queria, e nunca por imaginar que isso seria o seu dever feminino. Ela foi aquela que disse (uma das muitas que disse, tenho certeza): "Desde que você saiba que os homens são como crianças, você sabe tudo".

Quanto a qualquer coisa que se pareça com feminilidade expressa como uma irmandade de alto consumismo, incessante tagarelice e corridas debaixo de chuva às duas da madrugada para consolar a amiga no apartamento dela, acho que posso dizer com segurança que Chanel teria ficado horrorizada. Embora haja indícios de que ela tenha ido garimpar em antiquários com Colette e além disso ela tenha se permitido ser arrastada por Misia para cruzeiros no Mediterrâneo (embora essas viagens não se enquadrem tecnicamente como fugas de amigas, uma vez que o marido de Misia, José Maria, fazia parte da festa), imaginá-la descendo a rua de braços dados com as suas melhores amigas usando um par de sandálias de tirinhas com salto altíssimo que custam mil dólares é risível (sem falar que contraria a sua filosofia de que a mulher deve usar coisas práticas e confortáveis).

Fora Misia, Chanel não gostava muito de mulheres — o que não deixa de ser espantoso, uma vez que ela dedicou a vida a vesti-las e passava seu dia de trabalho entre uma imensa irmandade de empregadas. Na verdade as costureiras de Chanel eram dedicadas a ela, embora, segundo todos os relatos, trabalhar para Chanel significava vencer desafios.

Chanel era não apenas exigente, precisa e parcimoniosa nos elogios. Sempre que alguém ousava pedir aumento, ela se sentia ultrajada e — e essa é na verdade uma reação mais tipicamente feminina — *magoada* com o fato de a trabalhadora manifestar algo que não fosse gratidão por ser convidada a trabalhar na Maison Chanel. A atitude dela era a seguinte: eu, sozinha, criei três mil empregos para mulheres que do contrário seriam forçadas a fazer trabalhinhos esparsos e viver no limiar da pobreza; como é que elas ousam querer ganhar mais (ou pedir férias)?

## SOBRE FEMINILIDADE

Tudo isso mudou em maio de 1936, quando a Frente Popular se impôs na França e o parlamento subitamente se encheu de socialistas e comunistas para os quais os trabalhadores mereciam mais do que o privilégio de ficarem com L.E.R ao acolchoar os conjuntos estupendamente lindos criados por Mademoiselle. Durante toda a primavera e o verão daquele ano falava-se na rua sobre semanas de quarenta horas, férias remuneradas e a ideia radical de que as pessoas que trabalhavam para viver mereciam um pouco de respeito, em vez do desprezo por terem nascido numa situação que as obrigava a oferecer o seu trabalho.

Os trabalhadores de Paris entraram em greve. Naquele verão muitos deles, ainda em condições de trabalho da Idade Média, viram o mar pela primeira vez. (Os ricos habitantes de Deauville e da Cote d'Azur ficaram escandalizados.) As mulheres que trabalhavam para Chanel também protestaram. Subitamente elas faziam exigências, como ser pagas semanalmente, e não quando desse na telha de Mademoiselle. Elas se deram os braços diante da porta da frente e não deixaram Mademoiselle entrar.

Evidentemente ela ficou furiosa. Como era possível que suas funcionárias a estivessem desafiando? Ela demitiu trezentas empregadas imediatamente. As mulheres não se importaram. Chanel acabou sendo forçada a retroceder, pois do contrário teria de desistir da próxima coleção. Ficou lívida. De acordo com o chanelore, a razão pela qual ela fechou a Maison Chanel três anos depois não teve nada a ver com a deflagração da Segunda Guerra Mundial; ela fez isso simplesmente para punir as empregadas que a desafiaram. Essa medida podia ser interpretada como um exemplo de feminilidade ou de simples infantilidade, característica que, como sabemos, não tem gênero.

Resolvi consultar uma especialista, Debra Ollivier, autora de *What French Women Know About Love, Sex and Other Matters of Heart and Mind*.

DE: Karen Karbo
PARA: D. Ollivier
ASSUNTO: Coco Loco?
Olá, Debra:
Queria saber a sua opinião sobre uma questão no livro de Chanel que está me dando um trabalhão para destrinchar. Estou escrevendo um capítulo sobre feminilidade, pois Chanel disse certa vez: "Eu não tenho nada de masculino". Assim como a sua amiga Colette, outra que conseguia desconcertar os homens, ela adorava dizer que era muito feminina e durante todo o tempo avançava pelo mundo num turbilhão de competitividade, mandonismo, autoafirmação, agressão e franqueza. Na verdade a única coisa que parece feminina, por assim dizer, em Chanel eram as pérolas e a sua adoração pela literatura romanesca barata. Fora isso ela era um general de cinco estrelas que usava um chapeuzinho. Chanel não era nem mesmo particularmente *sexy*, do tipo que exibe a sua sensualidade, aparentemente apreciado pelos franceses. Então comecei a achar que talvez o seu tipo de feminilidade fosse exclusivamente francês e eu estava deixando de perceber alguma coisa. O que você acha?
Saudações,
Karen.

DE: D. Ollivier
PARA: Karen Karbo
ASSUNTO: RE: Coco Loco?
Acho que as qualidades que contrariam a feminilidade para você ou para nós, americanas — ser competitiva, mandona, assertiva, agressiva etc. — são menos específicas do sexo masculino na França. Na verdade, desde que você não seja masculinizada e goste de homens, essas qualidades podem ser *sexy* na França. Desde que os homens, o namoro, a beleza e a sedução façam parte do seu pacote total, você pode ser ousada/atrevida na França e ainda assim ser considerada (ou

se considerar) feminina. Coco Chanel podia não ser "*ooh-la-la-sexy*" e nem tampouco era a *femme fatale* naquele estilo misterioso/silencioso — mas tinha espertezas, força interior e nunca refreava os seus desejos. Ela pode ter sido intimidadora dos homens, mas também os amava. Ser esperta é *sexy*. Ter força interior é *sexy*. Afirmar o seu desejo é *sexy*. Ser sedutora é *sexy*, mesmo se você é uma mulher grande, ousada, franca e que não se arrepende de nada.

Assim, para os franceses pode-se ser uma generala de cinco estrelas que usa um chapeuzinho, como você disse, e ao mesmo tempo ser feminina. Essas contradições podem coexistir mais facilmente na cultura francesa do que na nossa cultura, onde tendemos a gostar das coisas muito bem definidas. Na França, ser feminina indica que você gosta dos homens, que você está disponível para eles e quer tê-los do seu lado, mesmo manifestando atributos que nós normalmente associamos aos homens.

Sua amiga,
Debra.

❋ ❋ ❋

Maurice Sachs, o escritor e *bon vivant* que Chanel contratou para dotar de primeiras edições a sua biblioteca, certa vez comentou que ela era "um personagem feminino de um tipo não conhecido em Paris até então". Isso nos faz acreditar que Chanel não era apenas feminina do jeito francês tradicional, mas também deu um novo enfoque à questão, o que, como sabemos, era uma espécie de compulsão nela.

❋ ❋ ❋

## Feminilidade à la Chanel

*Afirme-se como uma insolente preguiçosa.*

Não há nada mais feminino que a indolência. Étienne Balsan espantava-se com a quantidade de tempo que Chanel permanecia na cama de manhã lendo o jornal. Quanto a Chanel, ela dizia: "Eu sei ficar sem fazer nada". Depois que a Chanel Modes abriu e começou a dar lucro, o único indício de que ela deixava de trabalhar por algum tempo era o seu bronzeado, que exige ficar deitada no campo ou na praia entre as dez e as duas horas. Antes de Chanel, apenas os trabalhadores do campo tinham aquela cor saudável. (Não há prova de que Chanel tenha inventado o visor de alumínio bronzeador para refletir os raios abaixo do queixo.)

*Seja reservada.*

Manter uma impressão de mistério é um aspecto antiquado da feminilidade que não faz nada mal reviver. Por mais interessante ou encantadora que você seja, ninguém quer ouvir os detalhes da sua dieta de eliminação de toxinas, do último branqueamento de dentes, da sua secura vaginal ou aquela conversa esgotante do tipo ele disse/eu disse/ele disse/eu disse sobre o seu último rompimento amoroso. De acordo com Chanel "Nunca se deve falar de si mesmo, ou quase nunca. As pessoas devem adivinhar você". Colocar o vídeo da sua operação de vesícula no YouTube é expor-se excessivamente. Informação em demasia nunca é feminino.

*Satisfaça a sua irracionalidade.*

Pelo fato de o traço característico da feminilidade francesa significar um desejo permanente de ter os homens do seu lado, a chave está em saber como interagir com eles de um modo que não peça muita manutenção, não exija interrogatórios intermináveis à meia-noite com amigas leais e nem uma pilha de livros de autoajuda amontoados na mesinha de cabeceira. Picasso disse que Chanel tinha o bom senso de qualquer mulher europeia, e parte desse bom senso implicava comportar-se de vez em quando como se ela tivesse perdido a cabeça, para mostrar aos homens da sua vida que ela era irracional de um modo confiavelmente feminino.

No interesse da boa convivência, fica bem mais fácil para todos quando os homens se comportam como se espera que os homens se comportem e as mulheres fingem se comportar como se espera que as mulheres se comportem. Chanel aprendeu isso no treinamento dos animais jovens de Balsan, cujo sucesso dependia de garantir ao cavalo que não haverá surpresas. Apertá-lo com os joelhos sempre significa avançar. Levar o corpo para trás na sela sempre significa parar. Desse modo o cavalo passa a acreditar que embora tenha centenas de quilos a mais que você, o chefe dele continua sendo você, e isso o tranquiliza. Os cavalos, como os homens, se inquietam com a imprevisibilidade.

Mas ao contrário dos cavalos, os homens acham que as mulheres são inerentemente imprevisíveis, o que significa que comportar-se imprevisivelmente é previsível. Os homens sabem como se relacionar com você quando você é irracional. Nada lhes agrada mais do que um súbito arremesso de louça. Quando você é racional eles ficam desconfiados, depois ameaçados. Começam a agir como um gambá encurralado no fundo da garagem, e logo a expressão *inimiga dos homens* é atirada aos ventos e todo mundo fica infeliz.

A maioria dos muitos processos que Chanel moveu contra Pierre Wertheimer (o mandachuva *sexy* da Parfums Chanel) foram registrados não com a intenção de resolver quaisquer questões contratuais, mas para manter as pessoas comentando sobre como era possível que ela, a criadora do Nº5 — tão magra e chique!, tão feminina! — estava sendo roubada por uma empresa descarada dirigida por um implacável titã da indústria que tirava vantagem do fato de ela não ter tino para negócios (hahá). Desse modo ela assegurava o amor do público e a satisfação de Pierre por poder se queixar com os amigos sobre as exigências dela, enquanto corria de um lado para outro convocando reuniões especiais do conselho para acalmá-la, mandava-lhe flores e tentava de todos os modos fazê-la feliz.

*Faça seu culto no altar da sua própria intuição.*

A confiança de Chanel na sua própria intuição infalível é visível sobretudo na incursão que ela fez na joalheria. No início da década de 1920 ela percebeu que a feminilização da roupa masculina significava mais do que apenas fazer *blazers*, cardigãs, culotes para cavalgar e roupas de esqui em tamanhos menores. Ao selecionar todo o material biográfico disponível sobre Chanel eu não consegui encontrar o momento exato em que ela percebeu que os seus suéteres simples e os vestidinhos igualmente simples eram o suporte perfeito para uma profusão de semijoias, o instante em que ocorreu a ela que nada proclamava "mulher feminina" tanto quanto espetar um broche grande e brilhante na aba do seu chapéu de capitão.

Pelo fato de Chanel ser feminina ao modo francês, ela também precisava fazer uma declaração filosófica sobre por quê, durante esse período de riqueza altissonante, quando até as menos ricas das suas clientes dançavam o *charleston* debaixo de quilos de joias finas com incrustações de rubis, safiras, esmeraldas e tudo o mais, a joalheria falsa era mais chique. De acordo com Chanel, a semijoia "... era destituída de arrogância numa época de luxo excessivamente fácil".

Não é de surpreender que Paul Poiret tenha entrado no *design* de joias antes de Chanel. O pobre homem era o Salieri do Mozart que havia em Chanel, nascido para preparar o caminho para as suas inovações. Claro que Chanel entrou com o seu toque particular. Antes dela a semijoia não passava de réplicas de peças de joalheria fina.

Ela deu um passo à frente e certificou-se de que não haveria engano quanto a isto: aquela cruz incrustada com "gemas" enormes que balança na ponta daquela grossa corrente dourada é totalmente falsa. As mulheres que enlouqueciam por causa dos seus flamingos e broches de vidro cravejados de cristal veneziano colorido já *tinham* as joias verdadeiras.

    Aqui eu vou fazer uma pausa e convidá-la para se maravilhar com a influência de Chanel durante essa década. Ela decretou que as peças atemporais, lindas — para não dizer exclusivas e fantasticamente caras — eram deslocadas e vulgares, e que em vez disso as mulheres deviam se enfeitar com as suas semijoias, que só eram atemporais e lindas porque *ela* as criava. Claro que as peças eram também fantasticamente caras. Lembro-me do filme *Bananas*, de Woody Allen, no qual o líder rebelde que se torna ditador da república das bananas de San Marcos ordena ao tomar o poder que todos devem usar a roupa de baixo por cima da roupa de cima. Chanel teve o mesmo tipo de influência.

    Chanel tinha a sua própria coleção de joalheria fina deslumbrante, que lhe foi presenteada por Boy Capel (seu primeiro presente luxuoso foi uma tiara de brilhantes; diz o chanelore que ela foi ingênua a ponto de achar que era um colar), pelo Grão-Duque Dmitri e, claro, Bendor, o Duque de Westminster. Dmitri apresentou-a às longas correntes de ouro entremeadas de pedras que se tornaram o traço característico do *look* de Chanel. Bendor presenteou-a com uma torrente infinita de preciosos colares, broches e braceletes com rubis indianos, safiras e esmeraldas. Embora sempre o acatasse na presença dos amigos ricos, jogando charme ao incorporar o papel da jovem e animada Claudine[37] e afirmando que só falava francês (embora tivesse secretamente aulas de inglês, para saber o que todos

---

[37] Precisamos elogiar Chanel por tantas coisas, mas temos mesmo de cumprimentá-la por se fazer passar por uma garotinha quando já entrara há muito nos quarenta?

diziam dela), ela achou necessário, ao ser presenteada com outra joia surpreendente, desfazê-la sob o olhar dele, usando as pedras numa criação sua, talvez usando vidro. Ela adorava misturar pedras falsas com pedras reais, só para deixar todo mundo intrigado.

Chanel contratava homens aristocratas que compartilhavam com ela o gosto pelo "bárbaro"[38] para administrar sua oficina e criar para ela. Étienne de Beaumont (que a havia esnobado quando ela ainda fazia chapéus) administrou o seu ateliê e ela contratou um nobre siciliano, Fulco Santostefano della Cerda, para criar os braceletes grandes e desajeitados, punhos incrustados de joias, e as cruzes de malta multicoloridas que muitas de nós acreditamos equivocadamente terem sido popularizadas por Madonna.

Exatamente quando as pessoas estavam se acostumando com o uso desses punhos pesados que quase tomavam todo o braço, cravejados de gotas de vidro, a Depressão estava se instalando, as pessoas começavam a perder dinheiro e as damas ricas acharam-se com sorte por terem uma coleção de joias valiosas, ostentosas, para vender, Coco resolveu que era hora de trazer de volta os brilhantes (por exemplo, o brilhante de 7,5 quilates oval lapidado que é o elemento central do colar "Balanço", de ouro 18 quilates e com 955 diamantes montados sobre fios de ouro flexíveis).

Coco achava que "os tempos difíceis despertam um desejo instintivo de autenticidade" — o que não parece uma besteira — e que ela foi inspirada por Paul Iribe, seu novo amor, junto com quem ela criou a coleção Bijoux de Diamants.

A sua motivação mais provável foi uma encomenda da International Diamond Guild. A obra-prima da Bijoux de Diamants foi o colar Comète, que abraça o pescoço como se fosse um punho. O "co-

---

[38] Aqui definido como a Grécia antiga, Bizâncio, início do Renascimento e qualquer coisa que teria chamado a atenção de Dmitri, seu eslavo favorito.

meta" começa na garganta com uma estrela cravejada de brilhantes; a cauda é formada por 649 diamantes que envolvem a nuca e depois passa pelo ombro, terminando logo acima do sulco entre os seios. É a coisa mais bela que você jamais verá.

*As pérolas a libertarão.*

Durante a Segunda Guerra Mundial as pérolas falsas eram o grande negócio. Os fabricantes esforçavam-se para que elas parecessem o mais reais possível e inventaram um sistema pelo qual contas ocas de vidro delgado recebiam internamente um forro de *essence d´Orient* iridescente (derivada das escamas de um alburnete, peixe semelhante à sardinha), depois o centro era preenchido com cera e por fim o molde de vidro era retirado cuidadosamente quando a cera esfriava.

Talvez você esteja um passo adiante de mim; Chanel revirou os olhos, sem dúvida fez algum comentário desdenhoso sobre a inutilidade daquilo e assegurou-se de que as suas pérolas artificiais poderiam ser reconhecidas como falsas por uma octogenária míope que estivesse do outro lado da rua. Elas eram as coloridas árvores de Natal da época, falsas e divertidas.

A verdade sobre a feminilidade anunciada de Chanel é que uma mulher pode fazer ou dizer o que bem entender desde que esteja usando pérolas. Os diamantes são o melhor amigo das mulheres mas não são o melhor amigo dela. Eles estão muito associados aos criminosos e aos empresários untuosos de Las Vegas, por isso não se pode confiar neles para comunicar ao mundo a ideia de que não há nada de masculino em você. E nós não vamos nem dar importância à sua ligação com as cintilantes estrelas do hip-hop, carrancudas e de ombros largos, com enormes brincos cravejados de brilhantes que valem um milhão de dólares.

Mas se, como Chanel, você ignora o comportamento feminino tradicional, mesmo gostando das vantagens de ser considerada feminina[39] (principal vantagem: fugir do rótulo de mal-humorada e séria demais, o que para uma mulher como Chanel era uma enorme vantagem, já que às vezes ela era mal-humorada e séria demais), melhor usar sempre pérolas. O que é mais fácil dizer do que fazer. Pense bem: Jackie Kennedy, chique e devastadoramente feminina, era famosa pelas três voltas de pérolas, mas Barbara Bush também era. O assunto é complicado. Parece que a regra de ouro é que quanto menor o colar, maior a probabilidade de você ficar com a figura da vovó do livro infantil de histórias (mesmo se você ainda tem filhos na pré-escola). Mas isso não equivale a dizer que um fio longo de pérolas é a solução óbvia — se for longo demais e balançar demais, você corre o risco de parecer estar indo a um baile a fantasia vestida de melindrosa.

O melhor modo de usar pérolas é mostrar desrespeito pela forma e propósito originais desses colares. Pegue alguns colares compridos e pendure-os no pescoço de qualquer jeito. Envolva o pulso com um lenço. Sabe-se que Chanel usava meia dúzia de colares muito compridos e enfiava-os no cinto, o que eu não acho de bom alvitre aconselhar. Afinal de contas nós não somos Chanel.

*Culpe o amor por toda a sua infelicidade.*
Veja o Capítulo 4.

❈ ❈ ❈

Não sei qual é a porcentagem de mulheres parisienses que são impedidas de entrar em lojas de roupas no meio da tarde, mas não

---

[39] Parece que toda vez que me vi às voltas com essa questão acabei lançando mão da observação de Gloria Steinem de que todas as mulheres representam o papel de mulher; estou fazendo isso novamente, mas pelo menos é numa nota de rodapé, o que espero me desculpar por me plagiar.

devem ser muitas. Meu aturdimento quando trancaram a porta atrás de mim por causa do comportamento rebelde, inadequado, dos americanos por toda parte — eu só queria tirar uma foto daquele buldogue velho cochilando; isso é crime? — melhorou um pouco depois que Kathy e eu entramos na Starbucks[40] na Avenue de l'Opéra. Para comemorar a nossa desobediência, Kathy comprou para nós *demi-écrémé latte*. Nós bebemos. Admiramos um homem vestido de camisa polo preta que estava comprando uma xícara de café preto e duas panquecas pequenas. Isso mesmo, vendem panquecas no Starbucks da Avenue de l'Opéra.

Era evidente agora que nós nunca passaríamos pelo porteiro de casaco militar para chegar ao interior santo onde ocorrem apenas visitas com hora marcada e examinar a alta costura ali exposta. Kathy lembrou que estávamos em Paris e que certamente haveria outros lugares onde encontraríamos Chanel *vintage*, e enquanto exaustas nós tentávamos pensar em como encontrar um lugar que acolheria o nosso entusiasmo despudorado, ocorreu-me: Chanel *jamais* teria percorrido esses caminhos.

Ela teria feito o seu próprio caminho.

E eu ia fazer o meu.

Afinal de contas eu era neta de Luna da Califórnia, que quando bem mais jovem me forçou a aprender a costurar. Eu não fazia uma peça há anos, mas sabia cortar enviesado, pregar uma manga ou forrar um casaco. Quando estava na sexta série eu já sabia os segredos de reproduzir uma roupa.

De acordo com o meu guia de Paris e com um site para aficionados por tecidos, o melhor lugar para comprar tecidos é na parte

---

[40] Isso mesmo, Starbucks, e não um elegante bistrô *art deco* conhecido internacionalmente pelos seus *croque-monsiers* e outras coisas tipicamente francesas, não um café histórico que era ponto de reunião de revolucionários, pintores, existencialistas e suas mulheres loucas, mas sim um Starbucks igual ao que existe na esquina da minha casa em Portland.

baixa de Montmartre, na sombra da Sacre Coeur. Ao sair da estação de metrô Barbès-Rochechoart você encontra carrinhos com vendedores de espigas de milho assado e vê um agitadíssimo mundo de liquidações. As lojas despejam mercadorias nas ruas e transbordam com cabides de camisetas, sapatos de plástico e artigos para a casa. A maioria das lojas de tecidos está numa série de ruas próximas à Rue d'Orsel. Suas portas ficam abertas e na calçada há peças de tecido em posição vertical.

Se tem uma coisa que eu aprendi naquela pescaria no eBay é que os casaquinhos Chanel de que eu mais gostava eram os feitos com o tecido de trama frouxa e nodoso chamado *bouclé*. Fomos de loja em loja perguntando se eles tinham esse tecido tradicional de Chanel. *Avez-vous le bouclé?*

Nada.

O único tecido à venda era para estofamentos e interiores — tapeçaria, brocado, chintz. Finalmente encontramos algumas peças solitárias de *bouclé* numa loja em pior situação que as outras, um tecido branco e preto com padrão de espinha de peixe do qual não cheguei a gostar.

Continuamos andando pelo quarteirão. Encontramos uma rua dedicada apenas a tecidos para rodopios e dança, especificamente dança do ventre. As paredes estavam cobertas de *chiffon* com lantejoulas púrpura, turquesa e cor-de-rosa. Comecei a me desesperar. Como é possível que haja em Paris uma farta escolha para quem precisa trocar o tecido do seu sofá mas todas as outras pessoas fiquem a ver navios?

Então nos deparamos com a Les Coupons de St. Pierre, e logo depois da porta encontramos uma mesa gemendo sob centenas de peças de três metros de nada menos que *bouclé*, e numa prateleira embaixo da mesa estava a peça perfeita: azul-amora tecido com cor-de-rosa e um marrom puxando para cor-de-ameixa, um cor-de-ameixa amarronzado, três metros por 45 euros, ou seja, cerca de

68 dólares. Estendemos o tecido como uma manta e o examinamos para ver se havia defeitos.

No caixa a vendedora loira deu pancadinhas no tecido e disse: "Muito bonito... é Chanel". Eu estava no céu. Isso, isso. Chanel! *Exatamente* o que é usado nos casaquinhos Chanel. De volta ao hotel, naquela noite, observei o nome na sacola plástica: Les Coupons de St. Pierre. O que significa *"coupons"*? Claro que não são cupons como os que ganhamos nas mercearias. Kathy pegou seu dicionário de francês. Eu tinha achado que na França só vendiam tecidos em retalhos, mas *"coupons"* significava "remanescentes".

Quando a vendedora disse "É Chanel" pode ser que ela estivesse falando literalmente. O meu retalho podia de fato ter sobrado de alguma coleção da Maison Chanel de alguns anos antes. Achei que eu devia voltar e perguntar; achei que devia pelo menos ligar para saber onde eles adquiriam os seus remanescentes e se aquilo era de fato Chanel ou apenas do tipo Chanel. Mas depois pensei: se isso foi feito no espírito de Chanel, simplesmente eu vou reorganizar a verdade, como fazia Chanel. *Ela* teria ido em frente e afirmado que o tecido era Chanel.

E é o que eu vou fazer.

※ ※ ※

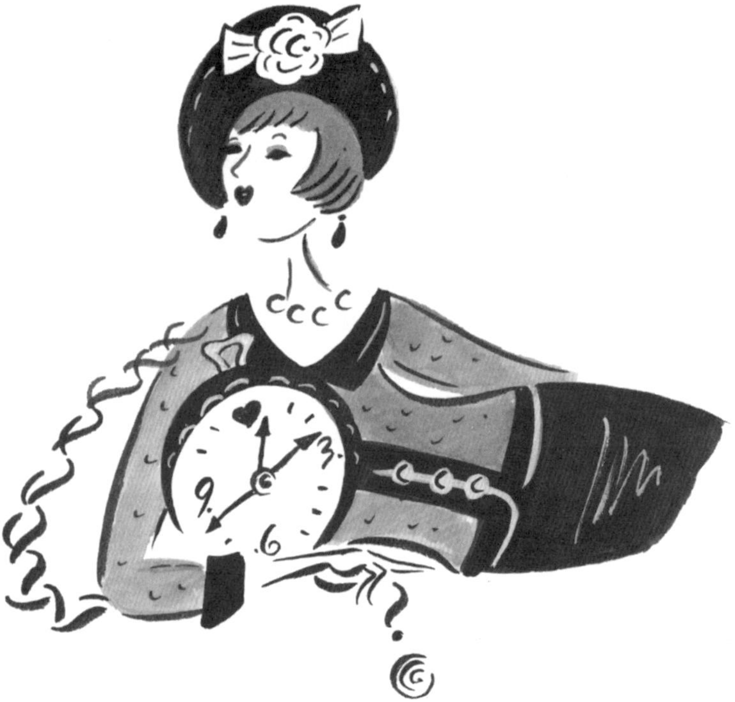

# 10

# SOBRE TEMPO

*"Há tempo para o trabalho e tempo para o amor.*
*E não há tempo para mais nada."*

Se um gênio saísse de uma lâmpada e me dissesse que eu podia fazer um desejo (nada de três; os tempos estão difíceis por toda parte), esse desejo seria passar os meus dias do jeito que Chanel passava. Na minha extensa pesquisa[41] não há nenhuma menção a alguma compra feita por ela e nem se fala nela na cozinha, limpando a casa ou reclamando na lavanderia (Chanel tinha alguém para reclamar por ela na lavanderia). Outra pessoa pagava as contas, levava o Rolls Royce para consertar e dava comida para os cachorros. Não há indícios de que ela fizesse outra coisa além de caçar javalis, pescar com iscas artificiais, navegar num iate com seus amantes ou trabalhar nas suas coleções entra ano e sai ano com a energia de um cão pastor.

Trabalhar como Chanel exige o horário de um trabalhador do campo, e não de uma *socialite*. Ela nunca se rendeu às frivolidades da sociedade. À noite ela gostava de ficar em casa e ir cedo para a cama.[42]

---

41 Enfrentei corajosamente *L´Allure de Chanel*, de Paul Morand. Em francês.

42 Tradução: dar grandes festas em casa, nas quais ela pedia licença e se retirava às duas da madrugada.

A solução de Chanel para ser vista pela Paris elegante era favorecer belezas abastadas que ela vestia com suas melhores peças e mandava para os restaurantes mais luxuosos e para as festas mais elegantes. Elas eram as suas emissárias extra-oficiais. Chanel achava que a mera propaganda — deselegante demais — não era o modo de conquistar a atenção da classe dominante. O melhor era ter outras pessoas falando de você.

Um dos aforismos prediletos de Chanel era "Todo dia eu simplifico alguma coisa porque todo dia eu aprendo alguma coisa". A parte da simplificação é matematicamente suspeita — significaria "simplificar" umas 20 mil coisas durante a sua carreira —, e se há alguma coisa que sabemos sobre Chanel é que ela não era muito dada a expandir seus horizontes uma vez que formava uma opinião. (A chegada da minissaia quase lhe provocou um ataque cardíaco. "Hoje em dia a moda é apenas uma questão de comprimento da saia. A alta moda está condenada porque é feita por homens que não gostam das mulheres e querem se divertir com elas", vituperou ela. E: "A minissaia é suja [...] nas ruas de Paris há muita poeira e lama que sujam nossas pernas, e agora as mulheres vão enlamear as coxas?") Mas ela aprendeu cedo que o tempo era o bem mais valioso e nunca recuou na sua crença de que as únicas coisas com as quais valia a pena despender tempo eram o trabalho e o amor.

Numa única investida sofisticada os nossos problemas estão resolvidos! Imagine: uma mãe dedicada e aflita que faz parte da Associação de Pais e Mestres liga para você e lhe pede para ajudar a conseguir doações para o leilão anual da escola. Você rapidamente avalia o pedido segundo os padrões chanelianos de destinação de tempo. É amor ou trabalho?[43] Nenhum dos dois; então a resposta é: "Megan, eu ADORARIA ajudar, mas com tudo o que estou fazendo

---

[43] Eu sei que conseguir que as lojas de roupas de cama e mesa e as pizzarias façam doações implica trabalho, mas eis um modo elegante de recusar o pedido.

no momento não há tempo". Note bem, por favor, que você não está dizendo "Não tenho tempo" — depois do parto, a coisa mais espantosa que as mulheres fazem é conseguir fazer o tempo espichar —, mas declarar a falta de tempo como uma realidade inquestionável, como a gravidade.

Chanel pode ter amado os homens da sua vida, mas nunca se dedicou tanto a eles quanto se dedicou à Maison Chanel. Seu dia de trabalho só começava ao meio-dia, mas depois ela trabalhava sem parar durante oito horas. Muito excepcionalmente ela saía para tomar chá à tarde no Angelina, na Rue de Rivoli, mas quase sempre tomava um lanche de pé enquanto provava roupas ("como um puro-sangue", disse ela certa vez).

Num ano típico durante o seu apogeu, Chanel fazia quatrocentas peças para cada uma das coleções da estação (mostradas em fevereiro e em agosto). Todos os vestidos, todos os conjuntos, todas as saias, todos os casacos, todos os vestidos de noite e todas as blusas eram feitos primeiro em *toile*, um tecido parecido com musselina, no qual ela aperfeiçoava o molde. É notório o fato de que ela não usava esboços preliminares (o que é conveniente para quem não sabia desenhar) e não sentia necessidade de recortar um molde de papel: "Um esboço, um desenho — isso não é o corpo. Eu não vendo pedaços de papel, não cobro por lugares".

Chanel ia diretamente para a parte que ela mais gostava, e se eu precisasse escolher a máxima deste livro que considero mais útil para a nossa vida, seria: "Vá direto ao ponto, não perca tempo fazendo coisas que parecem essenciais para a sua vida e o seu trabalho só porque outras pessoas fazem essas coisas". Uma amiga inteligente resumiu assim essa questão: por que fazer *nachos* se o que você gosta mesmo é de comer as tiras de cheddar que ficaram na assadeira? Simplesmente asse o queijo cheddar e pronto.

Como tudo o mais, claro, Chanel levou essa ideia às últimas consequências, adotando-a impunemente. Ela nem mesmo *fingia* costurar, como faziam os seus concorrentes que também não costuravam mas achavam que sua reputação sofreria se eles não mantivessem a farsa de que ocasionalmente se aventuravam nos seus ateliês para uma costura rápida. Ela criava suas roupas diretamente sobre o tipo de corpo que depois a usaria.

Chanel confiava exclusivamente nas suas *premières* — as santas masoquistas que dia sim dia não ouviam pacientemente enquanto ela expunha a sua visão e dava ordens —, sem as quais a sua casa nunca teria existido. Mas é preciso fazer-lhe justiça: ela sabia contratar empregadas talentosas que eram capazes de interpretar os seus desejos e aguentar a sua personalidade. A *première* ouvia Chanel depois se retirava para o ateliê, onde supervisionava a criação do primeiro molde em tecido.

Depois que a *toile* era cortada e costurada por uma das incontáveis costureiras, entrava em cena a Liga das Extraordinárias Manequins de Chanel. Era então que o verdadeiro *design* começava, no corpo das jovens que — de acordo com Ann, mãe da minha amiga Alison, que por um curto espaço de tempo foi uma das melhores integrantes da Liga Extraordinária — tinham uma espécie de vida de bombeiro, recostadas na *cabine*, uma sala nos fundos com paredes revestidas de espelhos, usando quimonos de seda branca, corpetes tomara-que-caia, cintas-ligas e meias de seda, jogando baralho e revezando-se na preparação de molhos com muita pimenta. No entanto elas efetivamente passavam seus longos dias a postos, sentadas por ali, esperando ser convocadas para uma prova ou para mostrar roupas aos clientes.

A manequim vestia a roupa de *toile* e o trabalho de Chanel começava. Ela usava uma tesoura pendurada no pescoço por uma fita branca. Suas ajudantes lhe passavam os alfinetes. Ela não via nada demais em desfazer um conjunto 25 vezes até ele ficar certo. As mangas eram a sua grande obsessão; elas tinham de se ajustar a uma cava do tamanho certo e não podiam estar desalinhadas em relação ao ombro. Chanel podia passar seis horas ajustando um par de mangas. A manequim era forçada a ficar de pé imóvel enquanto ela alfinetava, embutia, dobrava, dava pancadinhas, cortava, depois desfazia tudo e começava outra vez. Ninguém era capaz de desfazer uma manga como Chanel. Ela não tinha piedade. Não tinha compreensão. Uma mulher nervosa teria recebido o conselho de procurar outro emprego. Como escreve Claude Baillén nas suas memórias da convivência com Chanel já nos tempos de senilidade: "Quem não viu Chanel curvada sobre o seu trabalho como um inseto buscando o pólen, procurando, examinando, fertilizando, perdeu a parte essencial do seu ser".

Quando a roupa estava perfeita em *toile*, ela era costurada em jérsei, tweed, crepe-da-china, *chiffon*, cetim, tule ou renda. A própria Chanel escolhia todos os tecidos. Ela desconfiava de qualquer cor que não estava na natureza. Examinava muito bem os botões para ter certeza de que eles não pareciam "chocolates envenenados". Depois começava novamente a embutir, dobrar, dar pancadinhas, alfinetar e cortar. Retocava a peça até detestar vê-la, então partia para a seguinte.

A ideia de trabalhar em algo até não suportar o objeto do seu trabalho é um tanto deprimente, você não acha? Chanel passa no teste porque é francesa, e assim se espera que ela seja pessimista. Mas isso vai contra o conselho otimista americano, adaptado de alguma sabedoria chinesa antiga (o que o faz parecer atemporal e portanto menos ridículo) de que se gostarmos do que fazemos, nós nunca trabalharemos um único dia na vida. O sentimento é tão inspirador que eu gostaria de não ter de mostrar que, da maneira como atua o autoengano, é ele que está presente no conselho de fazer do trabalho um prazer.

Destacar-se em algo do modo como Chanel se destacou exige um tipo de investimento psicológico espinhoso e obstinado. Para trabalhar incessantemente em alguma coisa é preciso realmente engancharse na sua psique de um modo implacável e oferecer uma jornada do tipo *Senhor dos Aneis*, que apresenta desafios aparentemente invencíveis, momentos vagando perdido na floresta, o confronto de inimigos internos e externos, magia, sorte e uns poucos *hobbits* para coisas alegres. Há trechos de trabalho que parecem diversão — do contrário desistiríamos —, mas eles não constituem a parte mais envolvente, a parte que nos leva a avançar e nos mantém empenhados. De qualquer forma até as pessoas que literalmente ganham a vida brincando, como os jogadores profissionais de vídeo games[44] que treinam dez horas por dia e se abstêm de qualquer atividade na qual possam tensionar os polegares, afirmam que "é trabalho, não é diversão".

No entanto até mesmo Chanel precisava de vez em quando de um descanso do trabalho e do amor, e quando Hollywood a convocou, ela atendeu. Fazer figurinos para os filmes continuava sendo trabalho, mas não era a mesma coisa que preparar as suas coleções na Rue Cambon. Não sei se foi a Rainha Vitória ou Mary Poppins que disse: "Uma mudança é tão boa quanto um descanso", e imagino que Chanel pensou exatamente isso quando ela e Misia foram para os Estados Unidos na primavera de 1931.

Havia outra coisa. Durante anos os costureiros lutaram indignados contra o ruidoso roubo das suas criações. Eles formaram um coletivo. Criaram um slogan, *Copier, C´est Voler* (copiar é roubar). Paul Poiret, particularmente, enfurecia-se por suas roupas serem reproduzidas às dúzias em tecidos baratos numa fábrica qualquer e vendidas por dez dólares para as mulheres de funcionários públicos. Somente Chanel não se importava, e aliás ela até incentivava a cópia. Do contrário como lhe seria possível disseminar o seu estilo e, por extensão, a sua filosofia? Roubar dos artistas significava lhes dar publicidade gratuita, e Chanel percebeu muito antes que qualquer outro a importância da publicidade.

Os filmes, com seu alcance global, eram melhores do que mil ladrões. Sobretudo nos Estados Unidos, que desde o início adotaram

---

44 De acordo com Lim, Yo-Hawn (também conhecido como BoxeR), o jogador profissional de jogos de computador mais bem sucedido da história.

com entusiasmo o estilo Chanel, qualquer garota que podia comprar um ingresso para assistir ao filme também seria também exposta a Chanel. Então essa garota poderia sair à luz do dia depois do cinema, ir até a sua loja de roupas e comprar um casaquinho ou uma saia, ou até um vestido de cetim (cetim era a moda na década de 1930, e até Chanel sucumbiu) parecido com o que ela vira na tela usado por Greta Garbo, Joan Crawford ou Norma Shearer. Chanel foi capaz de entregar as suas ideias porque o único lugar em que elas ainda podiam ser executadas com absoluta perfeição era no seu ateliê da Rue Cambon, e as mulheres mais ricas sempre pagariam muito dinheiro para isso. E foi o que elas fizeram, e é o que elas fazem.

❉ ❉ ❉

Na mesma medida em que a infância de Chanel foi miserável, sua vida adulta foi encantadora. Mas houve pedaços difíceis (limões que ela não conseguiu transformar em limonada, como fez na Primeira Guerra Mundial), e quando Samuel Goldwyn convidou-a a ir para a Califórnia ela estava atravessando um desses pedaços.[45]

Seu caso com Bendor, o Duque de Westminster, tinha finalmente acabado. Assim como Boy Capel antes dele, sem romper com Chanel ele havia se casado com um insossa bonita que tinha um belo título de nobreza, poderia lhe dar um herdeiro e não seria insolente. Por mais que os amantes de Chanel a amassem, cobrindo-a de joias e admirando o seu espírito e a sua individualidade, no final das contas o romance esbarrava numa coisa: a recusa de Chanel de desistir da Maison Chanel e a recusa deles de tolerar uma mulher que trabalhava.

A ideia de que a mulher que modernizou o estilo feminino e a própria feminilidade seria ainda assim forçada a escolher entre o pa-

---

[45] As coisas não ficaram ainda mais difíceis pelo fato dele ter oferecido um milhão de dólares para ela fazer a viagem, cerca de 12 milhões de dólares em dinheiro de hoje.

pel de esposa e o de mulher de carreira é curiosa, antiquada e — podem me chamar de doida — invejável. Talvez seja a minha própria exaustão falando, mas a sua natureza predeterminada é atraente.

Se Coco tivesse nascido em, digamos, 1963, e não em 1883, ela poderia ter se casado com um Capel dos dias atuais[46] e tido três filhos — Nigel, Claire e Elodie —, que seriam criados com a ajuda de uma série de babás pouco confiáveis, preocupando-se todo dia com a ideia de que estava passando tempo demais criando as suas coleções e tempo insuficiente ajudando Nigel na leitura, ou tempo insuficiente ajustando as mangas e tempo demais levando Elodie à ginástica, e no final produzindo roupas de boa qualidade e bem-feitas que eram maravilhosas mas não inspiradas (mas poderiam ter sido!) enquanto alternadamente superprotegia e descuidava de Nigel, Claire e Elodie, que quando pequenos não conseguiram ter suficiente atenção de sua mãe e então, como era previsível, se tornariam adolescentes desagradáveis que a desprezariam ao mesmo tempo que lhe pediriam um iPhone, e cujos problemas, se investigados, se originariam na sua recusa de fazer uma coisa de que ela não se lembraria mais, e — não nos esqueçamos — Boy também teria expectativas, assim como as tem a sociedade, sem falar na própria Chanel, que não seria apenas magra, mas também estaria com um bom preparo físico, mas não somente um bom preparo físico, e sim o preparo físico de uma celebridade, o que envolve tríceps que podem ser confundidos com uma viga mestra de aço e músculos abdominais dos quais se pode fazer pular uma moeda.

Dentro em pouco ela seria, como todas nós, obsessivamente envolvida na recalibração extenuante, interminável, a todo momento, do equilíbrio da vida familiar, passando pelo que Dahlia Lithwick, editora do Slate.com, chama de "máquina de somar das nossas escolhas", que

---

46 Acho que ela também poderia ter se casado com o atual Duque de Westminster, que até hoje é o homem mais rico da Inglaterra, mas que não é tão sedutor quanto Bendor.

tem o efeito deprimente de nos fazer pensar que o que quer que estejamos fazendo atualmente, devíamos estar fazendo outra coisa. Mas isso não é novidade. Temos sido a megera da casa há décadas, insones angustiadas que nunca acertam (o que quer que seja). Qualquer que seja o momento, é óbvio que nós nos atiramos debaixo do ônibus das complicações que nós mesmas criamos. Nós sofremos. Mas enquanto escrevo isso uma tendência realmente deprimente paira sobre nós. Uma nova raça de supermães[47] sexys, hiperférteis, tranquilamente confiantes e ultra bem sucedidas que nos fazem sentir — a nós que temos um ou dois filhos e um emprego — pesosleves multitarefa que vivem se queixando. Essa mulher é elegante, impulsiva, teve com um homem a quantidade de filhos suficiente para formar o seu próprio time de basquete, tem um marido sexy, bem-humorado, e uma casa bagunçada, feliz, caótica, povoada por uma ou duas babás, uma empregada e um cachorro excêntrico sobre o qual se pode facilmente escrever um best-seller nas primeiras horas da madrugada, entre a terceira rodada de sexo alucinado e as seis horas, quando os bebês acordam. Ela sempre tem uma aparência fabulosa, embora com os cabelos ligeiramente desalinhados, o que só aumenta o seu charme. O que ela tem de mais irritante — que fica oculto no subtexto mas eu vou trazer à tona, para facilitar as coisas — é o fato de ela desconhecer totalmente a máquina de somar das nossas escolhas. Ela não tem tempo para fazer a recalibração a todo momento; ela mal consegue não se atrasar ao levar os gêmeos para treinar... qual é mesmo o esporte deles?

Tudo isso nao passa de um modo de dizer... o que é mesmo que eu estava dizendo?... que, do mesmo modo como eu tenho saudade de escrever cartas e da antiquada pipoca branca (vocês já notaram que hoje em dia só existe pipoca amarela e quase sempre é feita no microondas?), eu sinto falta da ideia romântica de que existem cru-

---

[47] Como Angelina Jolie, Sarah Palin e Laurie Bennet, a finalista de *Project Runway*.

zamentos na vida e é preciso fazer uma escolha irrevogável de ir para um lado ou para o outro, e depois viver com a escolha sem procurar desculpas. Chanel escolheu ser Mademoiselle Chanel — rica, famosa, absorvida pelo seu trabalho, admirada e às vezes muito solitária. Arrependimentos? Tinha alguns (os quais, à medida que envelhecia, ela ostentava de um modo que teria constrangido a sua personalidade jovem, mas tudo bem).

Voltemos no entanto aos poucos anos em que Chanel ficou em Hollywood. Ela não gostava de grandes viagens. Tinha La Pausa, em Roquebrune, mas quase sempre preferia o seu bairro em Paris, embora ele agora incluísse uma vizinha irritante, aquela artista italiana, Elsa Schiaparelli, que estava roubando o espaço de Chanel na mídia e o seu negócio.

Ela embarcou para Nova York com Misia, em crise porque Sert a havia trocado por Roussy Mdivani, uma "escultora" georgiana[48] de belas pernas por quem Misia também estava apaixonada. Durante algum tempo Sert e Misia compartilharam Mdivani, que era encantadora, confusa, interesseira e tinha apenas vinte aninhos. Então o triângulo mudou e Misia e Mdivani passaram a compartilhar Sert. E finalmente, depois que Sert se divorciou de Misia e se casou com Mdivani, a geometria desmoronou. Como disse o crítico Clive James: "O triângulo durou enquanto o orgulho de Misia permitiu, e mais um pouco".

Elas viajaram no SS *Europe*. Chanel levou várias tesouras de prata. Na sua bagagem havia seis conjuntos de jérsei e seis vestidos de noite. Diz o chanelore que depois de desembarcar em Nova York e passar alguns dias no Hotel Pierre, elas tomaram um trem direto para Los Angeles, com muito champanhe e caviar, e totalmente pintado de branco.

---

[48] Roussy era uma dos Mdivanis, um grupo de alegres e ambiciosos irmãos que fugiram da Rússia depois da Revolução. Tomando-os em conjunto, os componentes da irmandade acabaram se casando com duas herdeiras, um Astor, o filho de Arthur Conan Doyle e Pola Negri, a estrela do cinema mudo.

## SOBRE TEMPO

Dado o reinado, na época, da estilista de celebridades que recebia quantias irrisórias para vestir atrizes de segunda grandeza e às vezes levar-lhes seus *frappuccinos* diários, a ideia de Goldwyn de vestir suas principais atrizes com as roupas mais chiques criadas — como Howard Dietz, o seu diretor de publicidade, apresentou Chanel à imprensa — "pelo maior cérebro da moda de todos os tempos!" estava à frente da sua época. Mas o plano não chegou nunca a decolar totalmente. O cinema falado se popularizara há pouco tempo e Chanel nunca foi suficientemente empolgada com as atrizes para aceitar ficar em segundo plano em relação a elas; considerava-as nada mais que marionetes dos gordos produtores, que a faziam lembrar os vendedores de feira que ela conhecera na adolescência.

Em 1931 Chanel recebeu a tarefa de vestir Gloria Swanson para o seu papel de diva frígida em *Tonight or Never*. A essa altura ela já estava de volta à sua sede mundial na Rue Cambon. Depois de ter passado umas poucas semanas na Califórnia com muita exposição na mídia e publicidade, nem Goldwyn e nem Chanel viram razão para a sua permanência por lá, e ela recebeu permissão de voltar para Paris. Swanson tinha sido uma estrela de primeira grandeza na década de 1920, mas Chanel achou-a rechonchuda. Houve uma certa agitação, e quando se revelou que Swanson estava grávida (naquela época isso era um escândalo que encerrava a carreira, e não outra oportunidade de ser capa das revistas) Chanel encarregou sua principal costureira de criar uma espécie de cinta feita de tiras elásticas que achatariam a barriga da atriz. Isso ia contra o credo de Chanel, claro, mas ela queria que suas roupas parecessem impecáveis. Contudo o filme foi um fracasso. Os dias de Chanel em Hollywood estavam contados. Muito embora a Depressão se prolongasse penosamente e apesar de Coco Chanel e Samuel Goldwyn não terem contrato escrito, ele nunca pediu seu dinheiro de volta.

※ ※ ※

Sou uma veterana costureira de casaquinhos horrendos, criados sobretudo nos longos e tediosos verões da minha adolescência, entre o dia em que saía o novo número de *Seventeen* antecipando a volta às aulas e o primeiro dia de aulas, um mês depois. Uma peça se destaca das demais — todas elas feitas com muito esforço e apesar disso mal-feitas; é um casaquinho de lã com listras corde-ferrugem, creme e cáqui, de mangas raglã largas e botões de cortiça. Por um momento esqueça que ele me fazia parecer a inca mais gorda que já se viu. Setembro é o mês mais quente do sul da Califórnia; na verdade as minhas amigas e eu costumávamos usar vestidos de verão e *huaraches* até o Dia de Ação de Graças. Mas eu sempre me esquecia disso quando via as magníficas páginas brilhantes da *Seventeen* mostrando suéteres de lã, saias *kilt*, meias de lã até os joelhos e adoráveis gorros de tricô.

De qualquer forma a questão é esta: quando me lancei no meu projeto "faça você mesma o seu casaquinho inspirado em Chanel" eu conhecia o método consagrado de costurar um casaquinho tradicional, mas o casaquinho Chanel não é um casaquinho tradicional. Um casaquinho tradicional é essencialmente o encontro de dois casacos, o forro (com as costuras para o lado de fora) e a parte externa (com o tecido unido da forma habitual). O tecido que vai ficar aparente e o forro são costurados juntos com o lado direito de ambos de frente um para o outro e depois o forro é puxado por uma abertura numa costura lateral, de forma que os lados avessos acabem ficando um de frente para o outro. Com o acréscimo de viés (para dar acabamento à frente do casaco, à gola e às lapelas) e entretelas (que podem ser dificílimas de pôr devidamente no lugar), está pronto o casaco.

Até começar o meu casaquinho inspirado em Chanel eu pensava que a ordem de simplificar dada por Chanel era uma regra de estilo. Mas então vi que essa filosofia da simplicidade se estendia também à sua técnica. Realmente, é espantoso o fato de ela ter sido a primeira a pensar nisso.

## SOBRE TEMPO

As peças do casaco e do forro de seda são cortadas juntas e acolchoadas juntas em carreiras distantes 2,5cm uma da outra; então as peças são unidas na máquina e o forro é costurado a mão sobre as costuras aparentes. É um método de montagem ao qual uma criança com talento para construir coisas (meu pai, filho de Luna da Califórnia, que se tornou projetista industrial[49], sempre afirmou que quem é capaz de projetar e costurar um vestido tem o *know-how* para levantar um arranha-céu) pode chegar sem a ajuda intrometida de adultos.

Como se sabe, Chanel não primava pela costura, e eu fico imaginando se deve-se a ela esse modo nada ortodoxo e ao mesmo tempo intuitivo de criar um casaco ou se foram as suas costureiras que chegaram a ele. Usá-lo dá a impressão de que você está indo por aí coberta por um luxuoso acolchoado pessoal com mangas. Assim, para você não se esquecer de que não está usando a manta com que assiste às reapresentações de *CSI*, tal é o seu nível de conforto, a passamanaria dá à peça o peso de que ela precisa para ter a caída ideal e faz se lembrar de que você está vestida com uma milagrosa peça de alta costura.

Nos tempos atuais é quase impossível pensarmos no valor de um assunto como lição de vida sem acabarmos virando a esquina e correndo para um templo budista. Reimaginar as nossas tarefas cotidianas como um exercício zen é muito conveniente quando se considera que boa parte da vida é composta pela viagem até os nossos cubículos, onde realizamos tarefas impossíveis de explicar para qualquer pessoa (até mesmo para nós), depois a viagem de volta para casa a fim de deletar os spams da caixa de entrada do correio, arrumar o armário e, quando chega a primavera, plantar uma erva ou duas. É realmente confortador imaginar algo elevado em toda essa monotonia.

---

[49] Ele projetou o ornamento do capô do Lincoln Town Car e estava na equipe de *design* que cuidou do projeto de aperfeiçoamento do Frisbee.

# O EVANGELHO DE COCO CHANEL

Eu tinha confiança de que poderia evitar toda a sabedoria oriental — o máximo de misticismo a que Chanel chegou foi estampar botões dourados com o seu signo astrológico —, mas então fiz o meu casaquinho inspirado em Chanel e rapidamente descobri que fora o forro acolchoado à máquina, a costura lateral e as pences, todas as outras partes do casaco são costuradas a mão. As mangas são pregadas a mão nos ombros, assim como as costuras de arremate do forro e também a passamanaria, para dar peso — tudo com um ponto igual de sobrecostura que força a vista, unindo as camadas de tecido de um modo que parece um trilho minúsculo de fio de seda.

Imaginar as costureiras da Rue Cambon pacientemente aplicando essa perícia e esse amor — pelo seu trabalho, pelo modelo, pela peça, se não pela mulher que o vestiria — a cada roupa que passava pelas suas mãos[50] é de fundir a cuca. É aqui que entra o budismo. Certa vez li a explicação dada por um monge sobre por que toda manhã ele e seus pares faziam as mesmas tarefas, varrendo e arrumando cômodos que estavam imaculados. Quem não era do mosteiro considerava aquilo um modo de exercitar a humildade ou uma versão da meditação durante a caminhada, ou a adesão a algum código místico de ninja para a limpeza. Mas não era nada disso, disse o monge. A verdade é que aqueles cômodos humildes tornavam-se lindos e hospitaleiros porque alguém lhes dedicava tempo e atenção.

Esse também era o raciocínio que estava por trás do luxo oculto de Chanel, intensivo de mão-de-obra a um nível além da imaginação, e a razão pela qual ela não se importava com o fato de o mundo copiar os seus modelos. Ninguém poderia duplicar os pontos cuidadosos, perfeitos, dados com linha de seda nos seus ateliês, o cuidado e a perfeição que havia em todas as maravilhosas peças.

---

50 Em 1935 a Chanel Modes havia vendido 28 mil peças para mulheres da Europa, Ásia, América do Sul e Estados Unidos. Se você gosta de matemática, considere que ela fechou a casa em 1939, reabriu-a em 1954 e morreu em 1971 quando trabalhava no que seria a sua última coleção.

## SOBRE TEMPO

Se você topasse com uma descrição do meu casaquinho no eBay, ela seria assim:

*Casaquinho exclusivo inspirado em Chanel. Tecido bouclé azul-amora, ameixa e cor-de-rosa remanescente da última coleção Chanel, ou talvez não, dependendo de se sua criadora entendeu certo ou errado o que disse a vendedora da encantadora loja de tecidos de Montmartre. Sem trespasse. Totalmente forrado com seda cinza-azulada comprada numa loja muito bonitinha de Portland, em Oregon. Quatro bolsos na frente. Todos os botões entram e saem das casas — ou ele terá botões que vão entrar e sair das casas. Sua proprietária atual está hesitando em comprar botões Chanel genuínos com os Cs entrelaçados, pois eles na verdade não combinam com o resto do casaquinho e além disso parecem um pouco exagerados, uma vez que se trata de um casaquinho inspirado em Chanel e não de um artigo autêntico. Bordas desfiadas. Passamanaria característica na parte interna. Novinho em folha.*

❈ ❈ ❈

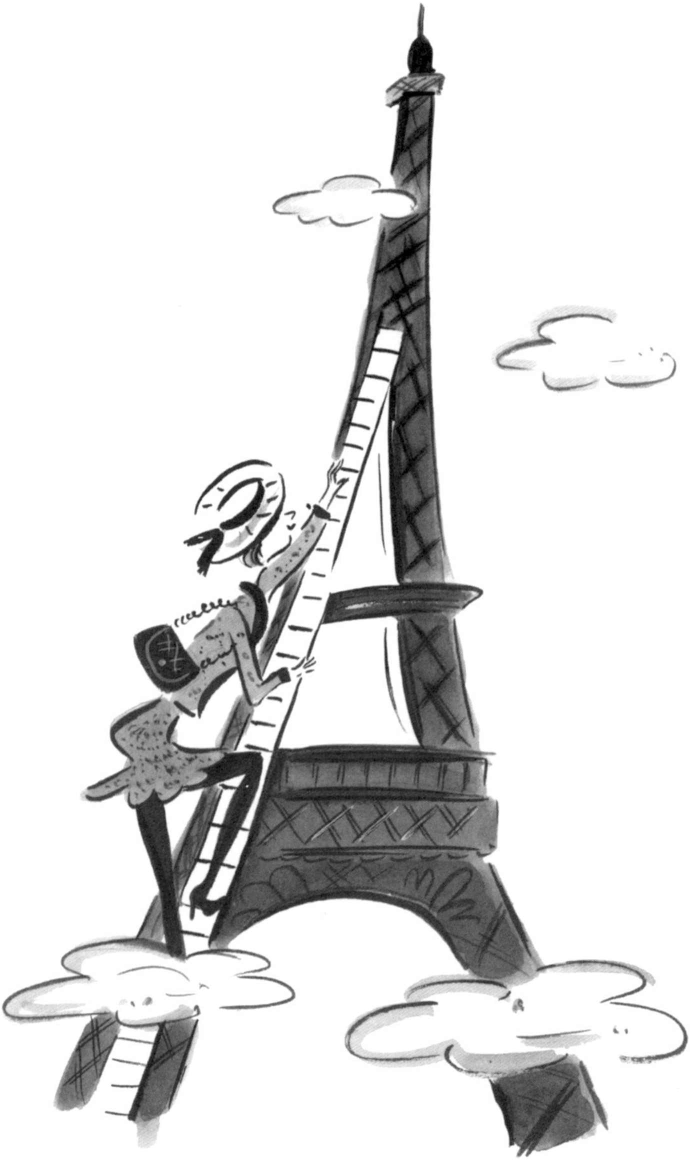

# 11

# SOBRE VIVER A VIDA SEGUNDO SEUS PRÓPRIOS PADRÕES

*"A resposta não é recuar, e sim subir mais alto."*

Existem fotos de Coco Chanel feitas por Horst, Christian Bérard e Cecil Beaton tiradas muitos anos antes dela fechar sua casa de moda, na época do auge da sua rivalidade com Elsa Schiaparelli. Ela estava com 55 ou 53 anos, usava preto ou bege e tinha o peito chato enfeitado com voltas de pérolas. Afirmo com prazer que ela nunca esteve mais bonita; e não sou só eu que acho isso. Em seu luxuoso *Chanel and Her World: Friends, Fashion and Fame*,[51] Edmonde Charles-Roux escreve: "Aos 55 anos, Gabrielle Chanel estava no auge da sua beleza. Seus traços, como a sua figura, haviam atingido o supremo refinamento. E nunca ela havia se vestido com mais criatividade ou maior perfeição". Somente um francês poderia dizer isso sem se sentir compelido a dizer que ela parecia também fenomenalmente jovem, o que não era verdade, com tantos cigarros e tanto sol para se bronzear (décadas antes dos filtros solares).

---

51 Publicado em 2005 nos Estados Unidos pela Vendome Press, a matéria-prima para a fabricação do seu papel é tão pesada e acetinada que nos dá vontade de encontrar um modo de emoldurá-lo, vesti-lo ou talvez cobrir um bolo com ele.

A exaustão nunca teve uma aparência tão boa. Apesar das incríveis quantidades de energia sempre evidentes em Chanel, as greves de trabalhadores de 1936 e a briga em andamento com Schiap e seus vestidos-paraquedas púrpura estavam cobrando seu tributo. Qualquer cliente que se aventurava a comprar um chapeuzinho ou um suéter de Schiap era tratada como *persona non grata* e Chanel nunca a perdoava.

A crescente exasperação de Chanel com a sua clientela em processo de envelhecimento ressoa nos comentários — extravios das suas máximas sempre vigorosos — que ela emitiu numa entrevista dada à *Vogue* em 1938: "Aos 40 anos as mulheres renunciavam à juventude em favor da elegância, do porte e da fascinação misteriosa, uma evolução que as deixava ilesas. Agora ela medem forças com as muito jovens usando defesas que só podem ser classificadas de ridículas".

Chanel estava na meia-idade, e uma vez que vivemos em tempos mais deselegantes vou pôr as cartas na mesa: ela estava na menopausa. Antes de 1905 desconheciam-se os hormônios, e trinta anos depois as coisas ainda não tinham sido relacionadas. O estrogênio e a progesterona só foram descobertos no fim da década de 1920, e o seu papel nas mudanças de humor, nas esquisitices, na irritabilidade, na impertinência e na hostilidade desenfreada das mulheres de meia-idade era ignorado. Embora os cientistas, principalmente os holandeses, estivessem trabalhando febrilmente, tentando encontrar o sentido desses elementos químicos estranhos produzidos pelo corpo, cujo único propósito parecia ser provocar mudança em outra parte distante do corpo, as pessoas basicamente ainda sustentavam a opinião vinda dos tempos vitorianos segundo a qual havia três estágios na vida de uma mulher: infância, amamentação e morte, e que se ela não morria quando terminava a fase de amamentação os seus "incômodos" algum dia cessariam e ela enlouqueceria. De qualquer forma ninguém jamais vai saber se Chanel estava às voltas com a menopausa, porque ela sempre foi muito irritável, esquisita etc.

# SOBRE VIVER A VIDA SEGUNDO SEUS PRÓPRIOS PADRÕES

Será que isso a levou a cruzar os braços e fechar a Maison Chanel no outono de 1939, três semanas depois de a França, em resposta à invasão da Polônia por Hitler, ter declarado guerra à Alemanha? Em algum lugar uma aluna de doutorado em estudos femininos tem a resposta, mas de acordo com o chanelore a razão foi a sua convicção de que outra guerra significaria o fim da moda. Ela estava errada.

Num dia a casa estava aberta e no dia seguinte ela despediu toda a sua equipe, fechou e trancou as portas. O fechamento surpreendeu toda a cidade, sobretudo porque a guerra — pelo menos no que diz respeito a Paris — só começou de fato passados nove meses. A *drôle de guerre* ou "guerra cômica" começou — claro que havia coisas feias acontecendo em Danzig, mas o que é que isso tinha a ver com o francês comum? — e passado o choque inicial de estar em guerra novamente com a Alemanha, a vida parisiense voltou a se normalizar. As cortinas que vedavam a luz não foram retiradas das janelas, mas o Maxim's continuava cheio de gente elegante que ia até lá para se deliciar com a sua famosa sopa de mexilhão. A única coisa diferente no Ritz era a falta de travesseiros extras; eles haviam sido retirados dos quartos dos hóspedes e mandados para hospitais militares, prevendo-se que logo chegariam feridos.

As casas de modas que tinham inicialmente seguido o exemplo de Chanel foram reabrindo suas portas. Com o tempo Madeleine Vionnet fechou sua casa e Schiaparelli e Mainbocher foram para os Estados Unidos, mas Cristóbal Balenciaga, Jean Patou, Edward Molyneux, Nina Ricci e outros ficaram firmes, apresentando coleções menores que nem por isso eram menos divertidas.

O azul foi o sucesso daquela temporada; o couro já estava sendo racionado, e assim os casacos tinham enormes bolsos nos quais as mulheres podiam levar coisas que elas normalmente enfiavam na bolsa. Alguns modelos que pretendiam ajudar no esforço de guerra pareciam ter sido criados especialmente para serem satirizados. Como relatou um *press release* publicado naquele período: "Alguns modelos da nova coleção merecem menção especial '[...] *Offensive* apresenta uma blusa de seda estampada e uma saia bem comprida de lã do mesmo tom, um casaquinho com lapelas de seda e uma bolsinha do mesmo material para a máscara de gás'".

No entanto as janelas das oficinas da Rue Cambon continuavam fechadas. A butique estava aberta, mas depois que o estoque existente foi vendido a única coisa que havia lá era o Nº5, grande sucesso de vendas até a libertação e mesmo depois. Chanel simplesmente se recusava a voltar.

No dia 14 de junho, o dia em que as forças alemãs tomaram Paris e a declararam cidade aberta, Chanel fugiu com todo mundo, tendo pago o Ritz pelo verão inteiro. Acabou indo parar em Pau, no sul, o lugar onde ela e Boy Capel haviam se apaixonado. Ali ela encontrou Étienne Balsan, àquelas alturas um velho casado que ainda adorava cavalos mais do que qualquer outra coisa. Depois de tanto tempo eles ainda eram amigos; anos antes ele havia usado a sua influência para ajudar Chanel a comprar um pedaço de terra para seu sobrinho André Palasse. Mas logo que ela chegou, no dia 22 de junho, os franceses pediram um armistício com a Alemanha. Paris estava ocupada, mas Chanel pôde voltar para sua casa no Ritz, o que ela fez sem hesitar nem um instante.

❋ ❋ ❋

Quando pensamos no que significa viver a vida segundo os nossos padrões, geralmente ligamos isso à nossa conduta pessoal. A proposta se traduz em não adotar besteiras de ninguém e está incorporada nas preocupações que perdemos quando resolvemos não sermos algo mas sim alguém. Tudo isso parece bom — heroico, desafiador, auto-realizador. Não há nada que admiremos mais do que um transgressor de normas, a não ser quando as normas transgredidas se referem à decência humana básica. Se parte dos padrões segundo os quais vivemos envolvem nos recusarmos a reconhecer uma atroz guerra mundial que está acontecendo se não na nossa porta pelo menos no bairro, uma guerra que afetará todas as pessoas que conhecemos e provocará mudanças em todos, corremos o risco de passarmos de rebeldes a solipsistas insuportáveis. Chanel achou que a Segunda Guerra Mundial era desinteressante, vulgar e inconveniente, e assim virou as costas para a sua cidade, para a sua comunidade e para a sua atividade. As paredes do Hotel Ritz são muito grossas, e atrás delas ela ficou. É difícil dizer o que ela sentia com relação ao seu comportamento durante a ocupação de Paris, mas o mundo não chegava a estar enamorado dela, e com razão.

Há muita coisa para admirar na personalidade de Chanel, e eu espero ter feito — assim como os propagandistas de quem ela descendia — um bom trabalho expondo minhas evidências com leveza e de modo agradável e vendendo para você as partes mais difíceis da sua personalidade. Quando se trata do seu comportamento durante a Segunda Guerra Mundial, contudo, o melhor que posso dizer como defesa é que poucas de nós jamais estivemos na situação dela, e assim, quem somos nós para julgar?

As lições a serem aprendidas com as escolhas de Chanel recaem na categoria das histórias acauteladoras. Não há como fugir de algumas verdades domésticas, uma espécie de controle da realidade sobre a qual estou sempre pensando. Uma verdade doméstica é uma verdade essencial sobre nós? Ou é uma verdade que apenas alguém da nossa casa (ou seja, a nossa mãe) ousa nos dizer? A definição de que eu mais gosto é "uma verdade básica ou essencial, especialmente uma verdade incômoda". Gosto dela porque ela não diz quem fica mais incomodado, se quem a diz ou quem a ouve.

**Verdade Doméstica Nº. 1:** *Deve-se pagar um preço por manter a farpa de gelo no seu coração.*[52]

Chanel apaixonou-se por um nazista. A mãe de Hans Gunther "Spatz" von Dincklage era inglesa, ele nunca usava uniforme e sua função era sobretudo de relações públicas — ele tentava convencer os franceses de que os alemães não eram belicistas psicopatas e sim gente normal que gostava tanto da França e da cultura francesa que queria que ela fosse deles — mas tudo bem.

A parte do apaixonamento é perdoável. Spatz era bonito, encantador, erudito, *mais novo*. O coração humano é a fera mais caprichosa que vaga pelo mundo conhecido. Acrescente-se a isso o fato de que no início da guerra ninguém estava distribuindo exemplares de *Ascensão e queda do Terceiro Reich*[53]. Primeiro havia a guerra cômica, em que não acontecia nada demais; depois os alemães marcharam sobre Paris, Hitler acelerou o passo e deu uma virada rápida na sua conquista, e então a França assinou o Armistício. Era a guerra para valer. Todo mundo que não fugiu se preparou para se agachar e esperar até ela acabar.

A perseguição aos judeus começou apenas dois dias depois da ocupação, na forma da exigência de registro na polícia, mas foi só depois de um ano inteiro que os judeus parisienses começaram a ser deportados. A era da informação ainda estava longe. Não havia agências de notícias que obsessivamente abasteciam os noticiários a cada quinze minutos. Não havia televisão. Havia o rádio, mas ele podia facilmente ser ignorado. Quem quisesse podia fechar a porta para o mundo, e foi o que Chanel fez.

---

52 Graham Greene disse certa vez que o coração dos artistas vem equipado com isso.

53 Uma história enorme (1.264 páginas) e enormemente importante do partido nazista escrita por William Shirer. Sua apresentação das monstruosidades de Hitler é de virar o estômago.

## SOBRE VIVER A VIDA SEGUNDO SEUS PRÓPRIOS PADRÕES

Os alemães logo resolveram tratar Paris como Epcot, um parque temático cultural para os oficiais e os figurões. Jean Cocteau foi nomeado diretor do teatro nacional e Serge Lifar, o velho amigo de Chanel que já havia sido o principal bailarino do Ballets Russes, tornou-se diretor do Balé da Ópera de Paris. As pistas de corridas de cavalos foram reabertas e os oficiais podiam ver de graça as corridas. De vez em quando Chanel ia ao balé para prestigiar seu amigo Serge Lifar, mas quase sempre ficava em casa. Ela começou a tomar aulas de canto e junto com Spatz dava jantares seletos no apartamento dela no Ritz. As pessoas que não viam nada de errado na escolha de amantes de Chanel são mais numerosas do que se pensa.

Imagino o que lhe custou, ainda que — tal como as coisas se desenrolaram — apenas em termos emocionais, essa recusa teimosa em admitir seu papel como parisiense, francesa e cidadã do mundo. Pense bem: o armistício tinha sido assinado na floresta de Compiègne, exatamente no lugar onde os humilhados alemães haviam se rendido à França em 1918. Compiègne fica pertíssimo de Royallieu, o cenário do começo da sua vida adulta, onde ela havia morado com seu primeiro amante, desenvolvido o seu gosto, contrapondo-se às borboletas exageradamente vestidas que a cercavam, concebido a ideia de uma carreira na costura e aprendido a cavalgar e a amar os cavalos. Os alemães tinham ocupado Royallieu durante a Primeira Guerra Mundial e depois da Batalha do Marne o castelo foi convertido em hospital. Durante essa outra guerra o prédio foi convertido num campo de internamento para os combatentes da Resistência e depois tornou-se uma moradia para judeus em trânsito. O marido de Colette, Maurice Goudeket, ficou internado lá. Mas não há indícios de que ela, que era reconhecidamente apaixonada e feminina, tenha ficado triste ou horrorizada, ou pelo menos tenha tido a mais reles saudade.

Sabe-se que Chanel se recusava a viver do passado ou até a admitir que ele existiu. Mesmo em se tratando dos seus vestidos (a palavra com que ela se referia a todas as suas criações, fosse ou não fosse efetivamente um vestido), uma vez criado, ela se esquecia dele. Depois que ele recebia os últimos retoques e saía da sua oficina, ela o esquecia, não indagava sobre ele à mulher que o comprou, nunca mais pensava nele.

Mas o problema é que à medida que se vai envelhecendo o passado começa a se acumular como a roupa no cesto de roupa suja de uma república de estudantes. O futuro encolhe, o passado aumenta e recusar-se a ter uma relação com ele é cortar nacos cada vez maiores de quem nós éramos e do que significou a vida.

**Verdade Doméstica N°. 2:** *Deve-se pagar um preço para a ignorância propositada.*

À medida que a guerra avançava era preciso tomar partido. Embora Paris continuasse em atividade como um parque cultural, ninguém podia ignorar as implicações da derrota alemã em Stalingrado.[54] Todo o absurdo sobre a "troca intelectual franco-alemã" foi deixando de existir enquanto uma a uma as *salonnières* — as mulheres elegantes que ofereciam reuniões artísticas com a frequente presença de oficiais alemães — fechavam suas portas. Ficou claro que o movimento da Resistência era mais do que um boato infundado.

Chanel não voltara ao seu ateliê, mas outros estilistas continuaram produzindo criações novas. Embora isso não costumasse lhe acontecer, Chanel tinha se enganado: a moda continuava existindo. Mas as clientes haviam mudado. A maioria das damas da sociedade francesa tinha se empobrecido com a ocupação; os novos clientes eram negociantes do mercado negro (os chamados "homens do queijo-manteiga-ovos", porque tinham meios desonestos de obter essas mercadorias durante o racionamento) e as esposas dos altos

---

54 Considerada a pior batalha da história humana, com a morte de 1,5 milhões de pessoas.

## SOBRE VIVER A VIDA SEGUNDO SEUS PRÓPRIOS PADRÕES

oficiais alemães.[55] Elas compravam roupas novas em grande quantidade e criaram um mercado para roupas prêt-à-porter caras. Novas butiques abriram aos montes para satisfazer os seus vorazes apetites de compras. Chanel se recusava a discutir a guerra. Insistia em que o assunto não merecia a sua atenção. Ela e Spatz até falavam em inglês entre si (parece que as aulas em segredo tomadas quando ela namorava Bendor foram um sucesso). Seu guarda-roupa reduziu-se a três conjuntos e duas blusas, ou talvez dois conjuntos e três blusas. De qualquer forma ela já não era mais a mulher mais chique de Paris.

Durante algum tempo no ano de 1942 ela morou com Spatz em La Pausa. Numa tentativa de mostrar que ela não era totalmente surda às atrocidades da época eu ia contar como foi que ela intercedeu a favor de um cientista russo amigo do seu arquiteto, Robert Streitz (a quem ela havia dado seu carro), que tinha sido preso pela Gestapo, mas simplesmente não consigo fazer isso.

Na verdade eu gostaria de sacudi-la e perguntar: "Coco, o que foi que te deu?!"

Será que alguma vez ocorreu a ela que se cientistas respeitados estavam sendo presos pelo chefe do seu amante, talvez fosse hora de admitir que ela havia agido descuidadamente e que era preciso se livrar dele? Estar com um *nazista* era melhor do que estar sozinha? Ela, que dissera (hipocritamente): "Sempre tive coragem de ir embora [...] uma mulher não tem tantos meios de se defender. Ela precisa ir embora".

Então por que ela não foi? Porque ela era egoísta.

---

[55] A favor de Mademoiselle pode-se argumentar que se ela recusava-se teimosamente a abrir as portas era em razão do seu estilo próprio de patriotismo: se não podia continuar vendendo suas criações para a sociedade francesa, ela certamente não estava disposta a fazer negócio com as mulheres alemãs ou com as colaboracionistas francesas.

**Verdade Doméstica Nº. 3:** *Quando fica claro que você estragou tudo, não piore as coisas para si mesma inventando desculpas esfarrapadas.*

A França foi libertada no verão de 1944 e, alguns dias depois da volta triunfal do general De Gaulle a Paris, todo mundo que havia convivido com os abomináveis alemães da ocupação precisou se explicar.

"Em tempos de grande perigo você pode andar com o diabo somente até atravessar a ponte"[56], a essência desse velho provérbio búlgaro é que em tempos de guerra as pessoas precisam ser perdoadas por alguma imprudência, julgamento errado e mau comportamento. Claro, o exército da libertação nunca é tão filosófico, e os integrantes da França Livre não foram exceção. A menos que você fosse um combatente da Resistência e tivesse as senhas e o anel decodificador para provar isso, provavelmente você seria culpado de alguma forma de colaboração, mesmo que secundária.

Lifar foi imediatamente interrogado, acusado de divertir Hitler e seus homens na qualidade de diretor do Balé da Ópera de Paris. Alegou estar apenas cumprindo seu dever patriótico de manter vivo o balé francês. Foi liberado e se escondeu durante três semanas no *closet* de Chanel no Ritz.[57]

Cocteau conseguiu fugir sem ser preso, depois se sentiu tão culpado que contraiu uma erupção na pele e ficou parecendo uma galinha depenada.

Os estilistas que haviam mantido sua casa aberta, apresentando fielmente coleções com vistosas saias rodadas, corpetes estranhamente franzidos — fazendo os seios parecerem um travesseiro em forma de rolo — e casacos de pele, imaginaram desculpas mais imaginosas que as de um garotinho esperto pego com a mão na bolsa da mãe. Alguns deles disseram que haviam criado aquelas modas

---

56 Não sei exatamente de que ponte se fala, mas você entendeu.
57 Ele acabou se entregando; foi punido com um ano de inatividade forçada.

SOBRE VIVER A VIDA SEGUNDO SEUS PRÓPRIOS PADRÕES

no estilo pavão apenas para desafiar as restrições e regulamentos alemães (absurdo, porque as únicas pessoas que podiam pagar pela alta costura eram os alemães e suas amigas). Alguns disseram estar intencionalmente criando roupas exageradas para que as colaboradoras parecessem tolas (isso foi o que eles pareceram).

Chanel não ganhou dinheiro com a guerra e nem fugiu para a segurança das terras americanas. No entanto era impossível fazer vista grossa para o seu pecado. Os franceses podem ser indiferentes quanto ao comportamento sexual dos seus políticos, mas desaprovaram as mulheres que dormiram com o inimigo. Na verdade, sempre que tento romantizar a Resistência Francesa, eu me lembro da alegria daqueles franceses exibindo as mulheres que sucumbiram, raspando-lhes a cabeça, pintando a suástica na sua testa e fazendo-as desfilar nuas.

Chanel foi presa em setembro e apresentada à Comissão de Moral Pública. Lifar estava lá no dia em que dois cavalheiros chegaram para levá-la e lembrava-se de tê-la visto sair de cabeça bem erguida, silenciosa e imperiosa. Ela estava enfurecida e amedrontada, mas não ia se comportar como uma fraca. E tampouco deu desculpas idiotas para o que havia feito.

Ela ficou detida durante muitas horas e depois foi liberada. Para garantir que não voltaria a ser presa, num comportamento que tinha uma assinatura mais classicamente Chanel do que qualquer volta de pérolas ou bolsa de matelassê jamais tivera ou viria a ter, a primeira coisa que ela fez ao voltar para a loja foi pôr uma tabuleta na janela anunciando que em comemoração à vitória dos Aliados ela estava dando vidros de N°5 a todos os pracinhas americanos que entrassem na loja. Soldados perplexos fizeram fila no quarteirão, garantindo que se a polícia chegasse para buscá-la novamente teria de passar pelo exército pessoal de Chanel.

No final, Mademoiselle não foi punida. De acordo com o chanelore, seu velho amigo Winston Churchill, a quem ela sempre deixava vencer o jogo de baralho em La Pausa, intercedeu a favor dela. Chanel partiu para a Suíça sem dizer uma palavra.

※ ※ ※

*Não se apresse, não descanse*
Goethe

O que foi que Chanel fez durante tanto tempo na Suíça? Isso sempre me deixou curiosa. A mulher era *workaholic*. Detestava o domingo porque suas empregadas tinham folga. E no entanto passou no exílio oito anos. Segundo relatos, ela lia romances e revistas de moda em seu quarto de manhã, consultava médicos à tarde, depois ia dançar com amigas. Onde, pergunto eu, um grupo de senhoras na casa dos 60 vai dançar em Lausanne? Tento não imaginar um salão de dança decadente onde Chanel e suas amiguinhas idosas arrastavam os pés na semi-obscuridade enfumaçada aos acordes de um elepê arranhado de Piaf, depois de terem se divertido surrupiando bolsas (isso mesmo, você leu corretamente) no Bazar Vaudois. Não, é deprimente demais.

Durante toda a sua vida o único vínculo familiar que Chanel manteve continuamente foi com o sobrinho André, a quem ela demonstrou sua afeição comprando-lhe propriedades rurais. Na Suíça ela lhe comprou uma casa e um vinhedo, um apartamento e uma vila na floresta. Às vezes ela o visitava, mas preferia manter os seus hábitos de senhora.

E quanto a Spatz? O que ele ficava fazendo enquanto ela estava na cidade?[58] Ele saíra correndo de Paris com o exército alemão em retirada e depois reapareceu na Suíça, onde retomou sua relação desconcertante. O *affair* durou mais uns poucos anos, mas de repente ele se foi,

---

58 Que importância tem isso?

finalmente "retirando-se" (como se viver com Chanel na sua morada suíça não fosse retiro suficiente) para uma ilha mediterrânea isolada onde ele nos seus anos de ocaso se dedicou à escultura erótica.

Quero imaginar que no momento em que Chanel começou a cuidar da casa na tranquila terra do chocolate, dos relógios e das contas bancárias secretas ela já estava planejando a sua volta. Ela sempre foi um gênio em sondar os ventos culturais dominantes, em observar e esperar até chegar o momento certo, e foi o que ela fez. Ou talvez uma parte do acordo secreto que Churchill fechou a favor dela foi que ela ficaria longe até a poeira baixar.

Levou algum tempo. Três anos depois do término da guerra, em 1948, durante uma visita a Paris, ela foi procurada por um jovem fotógrafo da *Harper's Bazaar*, Richard Avedon. Ele queria fazer o seu retrato. Não eram muitos os que queriam isso. Na verdade ninguém queria nada com ela. A foto não teria glamour; ele a posicionou ao ar livre, encostada numa parede, bonita e ligeiramente arruinada num vestido preto com um colar branco, três voltas compridas de pérolas enfiadas sob um estreito cinto preto, tendo sobre si um pôster antigo que dizia "POURQUOI HITLER?" Evidentemente ela não tinha ideia de onde Avedon, em sua brilhante impiedade, a havia posicionado.[59]

Paris estava diferente. A sociedade tinha perdido o seu brilho. A ligação entre os artistas e os ricos, forjada durante o reinado de Misia Sert, estava rompida para sempre. Marcel Proust e sua profunda atração por fantásticos bailes a fantasia e ser mimado pelas damas da sociedade que depois ele satirizaria nos seus romances tinham desaparecido há muito tempo. Em vez disso Albert Camus, belo, triste e pensativo, escrevia seus romances brilhantes e deprimentes, e o café soçaite aproximara-se de existencialistas austeros (isso mesmo, Jean-Paul Sartre, estou falando com você) que ocupavam todas as boas mesas do Café de Flore.

---

[59] Avedon poupou Chanel da humilhação e só publicou a foto depois da morte dela.

Chanel era uma relíquia, uma velha cujo nome era mantido vivo por um perfume com uma embalagem simples.

O tempo passava. Ela lia as suas revistas de moda. O *timing* era perfeito.

Entra em cena Christian Dior. A linha que despertou Chanel do seu idílio suíço chamava-se originalmente Corolle, algo como pétala em francês, (refletindo a crença de Dior de que ele estava criando uma silhueta que fazia as mulheres parecerem flores), mas Carmel Snow, a comandante da *Harper's Bazaar*, apelidou-a de "New Look". Sim, sim. As saias eram longas e fartas, exigindo em alguns casos 14m de tecido, a cintura era muito apertada, os corpetes tinham enchimento e barbatanas, os chapéus lembravam pratos de bolo, que tanto tempo antes Chanel havia se empenhado em derrubar.

Era um *look* magnífico, voluptuoso, e que não tinha absolutamente nada de prático. Mas o mundo havia acabado de sobreviver a uma guerra e a primeira coisa que acontece depois que as cadernetas de racionamento são jogadas na lata de lixo e os homens voltam para casa é que as modas femininas ficam bobas. Eu gostaria muito de saber se em outras culturas também acontece de nos anos de paz as mulheres serem arrastadas como zumbis para roupas elaboradas, pouco práticas, dentro das quais elas quase são incapazes de se mexer.

Chanel não podia acreditar naquilo. Ela já não havia se lançado nessa luta e não tinha vencido? E lá estavam novamente as mulheres com vestidos que exigiam enchimentos nos quadris e anáguas! Com sutiãs e corpetes apertados que comprimiam as costelas e davam ao busto a forma de um torpedo que somente poderia agradar a um fabricante de armas! Ela simplesmente não suportava aquilo.

Circularam rumores de que Chanel ia tentar voltar. Fora lançar-se numa nova série de processos contra os Wertheimer por causa dos perfumes (àquelas alturas isso tinha se tornado para ela um hobby e um esporte) ela nada fez. A década se fechou e ela recebeu a notícia de que Misia havia morrido em Paris. Tomou o primeiro avião e ao

## SOBRE VIVER A VIDA SEGUNDO SEUS PRÓPRIOS PADRÕES

chegar na sala de Misia expulsou todos os que lá estavam. Pediu uma tigela com cubos de gelo, que usou para alisar as rugas de sua amiga. (Onde é que ela aprendera isso?) Maquiou-lhe o rosto, vestiu-a de branco e pôs nos pulsos e nas mãos as suas melhores joias. Quando as pessoas voltaram, encontraram a formidável Misia do modo como se lembravam dela, elegante até o fim.

As lições de um retorno, especialmente um retorno iniciado aos 70 anos, podiam compor sozinhas um livro. Uma coisa é começar quando jovem, bela, cheia de energia e sem a sabedoria de não acreditar em tudo, mas imagine Chanel — velha, feia, totalmente inteirada das cruéis vicissitudes do mundo da moda e absolutamente sozinha. O aspecto positivo é que aos 70 anos já passamos por tudo e a maior coisa que temos a perder é o nosso orgulho (o que não era pouco para Chanel). A nossa completa falta de um investimento a longo prazo no futuro nos imbui da coragem — que em outra fase não temos — para mandar tudo às favas. É por isso que depois de uma certa idade as pessoas estão sempre dizendo que quando se tem saúde se tem tudo: para começar algo tão absurdo é preciso ter energia. Àquelas alturas Chanel estava vivendo exclusivamente dos lucros do Nº5[60] e não tinha o capital necessário para se relançar. Entre os seus conhecidos, o único que tinha os bolsos fundos o suficiente para sustentar um risco tamanho era "o cavalheiro de Neuilly", como Chanel se referia a Pierre Wertheimer, seu verdadeiro *marido*. A fim de obter a sua atenção, ela deixou vazar que havia telegrafado ao editor da *Harper's Bazaar*, Carmel Snow, falando sobre a possibilidade de ter quaisquer modelos criados por ela produzidos em massa por um fabricante nova-iorquino.

---

60 Um relato completo das complicadas disputas legais que resultaram nesse acordo pode ser encontrado em *Chanel: A Woman of Her Own*, de Axel Madsen. É uma leitura suculenta e nutritiva — como um bom bife — e todos os que gostam de Chanel devem lê-lo.

Pierre, eternamente bonachão, era um cavalheiro distinto que tinha apenas cinco anos a menos que Chanel. No entanto ela podia puxar a sua correia como se ele fosse um garoto de 16 anos com esperanças de transar com ela. Produzir em massa novos modelos de Chanel em Nova York? *Mon Dieu!* Chanel era Paris. Chanel era chique. A alta reputação do Nº5 sofreria muito se ela fosse vista de outra forma.

Pierre e Chanel tinham sido mais do que amigos e mais do que inimigos durante décadas. Ele se sentia feliz por ainda ser alavancado mais uma vez e, dada a extensão do relacionamento dos dois, teria se sentido ofendido se ela tivesse agido de modo diferente. Financiou metade da sua coleção de volta, lançando o dinheiro como despesa de publicidade para os perfumes. *(Lição: com sorte você fica velha o suficiente para que seus inimigos se tornem seus amigos, no mínimo porque você é um repositório da história deles e vice-versa. Aprecie isso. E se for esperta como Chanel, use isso.)*

Ela reabriu o número 31 da Rue Cambon, reformou os espelhos e tirou a poeira das cadeiras douradas. Contratou duas *premières*, uma provadora e uma manequim, uma linda iniciante chamada Marie-Hélène Arnaud.

Os jornais entregaram-se a especulações esbaforidas. Os repórteres de moda começaram a divulgar material de chanelore, dizendo que sua volta visava fomentar as vendas do Nº5, que estavam em queda. Eles não sabiam (ainda) que o New Look a havia enfurecido e nem que esse tipo de risco enorme, semelhante, em seu alcance, ao que ela correra antes da Primeira Guerra Mundial — quando insistiu em ir além da sua loja de chapéus e fazer os seus conjuntos simples com o desprezado jérsei —, mantinha seu sangue em movimento, mantinha-a viva. Por mais velha que ela estivesse, ainda havia dentro dela uma garota que adorava galopar pela floresta num garanhão de dois anos. *(Lição: não importa a sua idade, aquela garota está sempre dentro de você.)*

## SOBRE VIVER A VIDA SEGUNDO SEUS PRÓPRIOS PADRÕES

Ela disse aos repórteres que voltava porque estava entediada, porque só se sentia feliz quando trabalhava, porque "prefiro o desastre ao nada". Todas as belas fotos em preto-e-branco que Beaton e Bérard fizeram de Chanel durante o seu reinado entre as duas guerras foram desenterradas e divulgadas, alimentando uma tendência para reportagens que glamourizavam os tempos antes da Segunda Guerra Mundial. Ela não confiava em nada disso. *(Lição: nunca acredite 100% na imprensa.)*

Balenciaga, ao saber dos planos de Chanel de apresentar uma coleção em fevereiro de 1953, mandou-lhe flores na forma de coração e gracejou para a imprensa: "Chanel é uma bomba. Nada extingue o seu potencial explosivo". Não tinha importância, Chanel estava de volta disposta a lutar, dizendo que aquelas flores só ficavam bem num caixão e gracejando: "Não tenha tanta pressa de me enterrar". *(Lição: quanto mais velha você fica, mais insolente você pode ser; uma jararaca de meia-idade é mais amarga e mais patética. Então você fica velha e de repente gostam da sua verve.)*

Cinco de fevereiro de 1954 — o desfile na Maison Chanel foi o acontecimento mais badalado da cidade. O salão ficou apinhado de todo tipo de gente que era alguma coisa: editores das edições francesa, inglesa e americana da *Vogue* e da *Harper's Bazaar*, damas ricas da sociedade, que nos velhos tempos frequentavam a casa, jovens jornalistas de moda, que se espalharam nos primeiros degraus da santificada escada sem jamais imaginar que teriam de pagar por aquela falta de compostura.

O público ficou em silêncio quando o primeiro manequim desfilou vestindo um conjunto preto sem gola, seguido de um conjunto de jérsei pesado azul-marinho com dois bolsos aplicados, usado com um chapéu de marinheiro. Onde é que estava Chanel, a rebelde, a iconoclasta, a mulher que sozinha ia fazer uma revisão da moda?

Foi um desastre.

A imprensa francesa zombou impiedosamente. Disseram que ela havia sido trágica. Disseram que ela parara num ano da década de

1930. Chamaram-na de velha e superada. Ela ficou acabrunhada, mas seguiu em frente. Chanel tinha fé no que sabia ser verdade.

Arrisco dizer que o malogro desse primeiro desfile não fez senão alimentar a sua determinação. Ela crocitou: estavam tentando acabar com ela, mas isso é melhor do que ser tratada como alguém que já foi embalsamada. Não a estavam tratando com a reverência e o respeito devidos a alguém que já foi amada mas perdeu a importância. Ela ainda estava no jogo, e sabia disso. Voltou ao trabalho, mesmo havendo poucas encomendas. Encarou assim a situação: sem encomendas nada me perturba; podemos fazer uma coleção melhor da próxima vez. Na verdade ela fingia estar encantada. E talvez uma parte dela estivesse. Ela sempre gostava de brigar. *(Lição: acabe com eles.)*

Chanel calculara que as suas criações da coleção de fevereiro custariam 15 milhões de francos, mas na verdade seu custo foi de 35 milhões. Ela havia usado todo o investimento de Pierre e estava quebrada. Certo dia ele foi visitá-la no ateliê, supostamente para oferecer-lhe sua solidariedade e avaliar o prejuízo. Ela estava trabalhando e o fez esperar. O bobalhão não vê que eu não posso ser interrompida?

O dia não tinha sido bom para Chanel. Muito embora estando, como sempre, imaculadamente vestida com um conjunto cor-de-areia, sapatos rasos e o chapéu que ela usava para esconder áreas de calvície, sua artrite a estava enervando. Mas apesar disso ela se sentava, levantava-se, ajoelhava-se, arrastava-se de gatinhas. Hora após hora, enquanto Pierre observava sentado ali perto, ela forçava os dedos a apertar, afundar, pregar e juntar o tecido. Era uma tortura.

Quando caiu a noite ele a levou a pé de volta ao Ritz. Ela começou a se queixar das mãos, do cansaço, e então parou no meio da rua estreita, a meio caminho da porta da frente do 31 e a entrada dos fundos do Ritz, balançou a cabeça e disse: "Claro que nós vamos continuar".

Pierre, movido sabe-se lá por quê — sua coragem, talvez, sua teimosia ou o fato de que também ele estava ficando velho —, disse: "Claro, vamos continuar".

E então, de acordo com o chanelore — embora eu esteja disposta a reescrever a história e dizer que foi verdade —, ela fez a coisa mais espantosa. Coco Chanel pôs a mão no braço dele e disse: "Obrigada". Pierre Wertheimer convocou seus parceiros e lhes disse para dar a ela o dinheiro de que ela precisasse.

Chanel criou outra coleção, depois outra. Não abandonou o que sabia ser verdade só porque as pessoas não a haviam entendido (mais uma vez!). Ela sabia que as mulheres continuavam precisando se vestir. Elas ainda tinham de se sentar, entrar em carros e levantar os braços. Depois da guerra as mulheres estavam fartas de racionamento; elas gostaram da pura prodigalidade do New Look, da volta da complicação à costura. Mas no fim das contas acabariam achando aquilo um aborrecimento, e Chanel sabia disso. Elas se cansariam de ser apertadas e voltariam a procurá-la. Levou algum tempo. Os franceses, na habitual situação em que se vê a floresta e não se veem as árvores, estavam ainda enamorados demais dos poucos milhares de mulheres que ainda se permitiam vestir-se na alta costura, respeitosos demais das suas próprias tradições esnobes e perturbados demais com a possibilidade de que Nova York, e não Paris, pudesse passar a ser a capital internacional da moda. As mulheres americanas, que sempre tinham simpatia pelo moderno, pela liberdade e pelo sensível, trouxeram-na de volta.

Na época em que Chanel começou a voltar, todas as casas de moda precisavam ser capazes de vender seus modelos para serem reproduzidos em massa pelos industriais da Seventh Avenue, do contrário acabavam fechando as portas. Chanel sabia disso desde 1931, quando estava voltando de Hollywood e parou em Nova York para conhecer aquele polo de produção de roupas. Durante uma rápida visita à loja de departamentos Klein ela viu que estava sendo roubada sem dó nem piedade e imediatamente percebeu que esse era o preço a pagar por ter seu estilo adotado não só pelos ricos mas também pelo mundo.

## O EVANGELHO DE COCO CHANEL

Chanel sempre havia sustentado que até chegar nas ruas o estilo era apenas moda, mas ela havia ampliado a sua própria percepção disso. Parecia que havia várias "ruas" — uma rua comum de uma cidade de médio porte, pela qual uma secretária podia caminhar com a sua saia reta e o casaquinho confortável, ambos inspirados em Chanel e custando 20 dólares; a rua principal, onde as mulheres dos executivos almoçavam e compravam na Bonwit Teller as cópias que custavam 150 dólares; e as ruas mais elegantes de todas, a Madison Avenue ou Wilshire Boulevard, onde as mulheres que aplicavam em fundos mútuos, casadas com capitães da indústria, passeavam vestidas com conjuntos de 500 dólares feitos pelas suas costureiras.

Em 1955 o New Look estava envelhecendo e em 1957 já havia morrido, mesmo antes de o próprio Dior ter morrido de repente em outubro aos 52 anos.[61] Chanel estava de volta, vestindo novas socialites e atrizes famosas: Grace Kelly, Elizabeth Taylor e Rita Hayworth usavam suas roupas.

Ela agora tinha vivido tempo suficiente para achar que havia rido por último várias vezes: uma dessas risadas era a que ela deu com a sua nova equipe de manequins. Fora umas poucas plebeias e a elegante texana Suzy Parker, elas eram todas filhas da aristocracia francesa, as netas das mulheres que a haviam desconsiderado tantos anos antes. Claude de Leusse, Jacqueline de Merindol, Mimi d´Arcangues, Odile de Croy — todas elas puros-sangues. Como um magnata que se casa, se separa e volta a se casar com uma série de mulheres-troféus por causa da juventude e do vigor que elas lhe conferem, Chanel gostava da companhia das manequins. Elas a faziam sentir-se jovem. Quando soube de comentários cogitando que ela era lésbica, riu encantada: "Na minha idade?"

---

61 De acordo com o diorlore ele morreu de ataque do coração ao engasgar com uma espinha de peixe, ou então depois de uma sessão de sexo particularmente vigoroso.

Marlene Dietrich, uma velha cliente, foi encontrá-la quando estava em Paris. Dietrich, então cinquentona, estava ganhando uma fortuna para participar via telefone de um número de cabaré do Sahara, em Las Vegas.

"Por que você recomeçou?", perguntou Dietrich.

"Porque eu estava morrendo de tédio", respondeu Chanel.

"Você também?", disse Dietrich.

❋ ❋ ❋

Em 1960 Chanel estava de volta ao seu trono, onde milagrosamente reinaria por mais onze anos. Tudo o que se via, o tempo todo, era Chanel. As mulheres americanas estavam sempre fazendo fila para comprar conjuntos Chanel. Em 1964 a Orbach's vendeu duzentos numa única tarde. Como os poodles e as rainhas inglesas, Chanel parecia pronta para viver para sempre. Ela sobreviveu à maioria dos seus amigos e ex-amantes, quase todos mais jovens que ela.

O Grão-Duque Dmitri morreu de tuberculose em 1941. Assim como Boy Capel antes dele, Étienne Balsan morreu num acidente de carro em 1953, mesmo ano da morte de Bendor por insuficiência cardíaca. Pierre Reverdy, seu amado poeta, morreu de causa natural em 1960 na Abadia Beneditina de Solesme, onde viveu como monge leigo desde 1930, e Cocteau juntou-se ao coro celestial em 1963, logo depois de saber da morte, também por insuficiência cardíaca, da velha amiga Edith Piaf. Igor Stravinsky sobreviveu três meses a Chanel. Serge Lifar sobreviveu também a ela, mas era jovem o bastante para ser seu filho.

Escrever sobre a vida de alguém tem um aspecto deprimente: é que no final se fica com a tarefa quase impossível de fazer o declínio e a morte parecerem otimistas e não a rápida desaceleração do motor até ele chegar ao ponto morto, que é como sempre acontece o fim. Dorothy Parker disse: "Não existem finais felizes", e era a isso que ela se referia.

Nos seus últimos anos Chanel viveu para trabalhar e se queixar. Em 1969 ela deixou passar a oportunidade de ver Katharine Hepburn interpretá-la no musical *Coco*, exibido na Broadway. Ela declinou, justificando-se com problemas de saúde, mas estava aterrorizada com a hipótese de ver sua vida exposta daquele modo e talvez temerosa de ser festejada e aplaudida pelo público, elenco e companhia, o que a forçaria a abrandar suas opiniões — coisa muito perigosa, uma vez que era o seu irritante mal-humor que a levava em frente.

Ela estava mais ranzinza do que nunca. Depreciava todo mundo. Sobre um estilista, disse que os seus vestidos de brocado faziam as mulheres parecerem poltronas, de frente, e espanholas velhas, de trás. Disse que o setor da moda estava morrendo por causa da pretensão. Chamou seus colegas estilistas de pederastas e inimigos das mulheres. Disse que os estudantes contestadores de 1968 deviam ser presos e mandados para trabalhos forçados nas estradas. Disse que não havia solução para Brigitte Bardot porque ela era uma pateta. Vituperou contra os Estados Unidos, segundo ela um país de bens baratos, um lugar onde os cidadãos estavam "morrendo de tanto conforto". Disse que todos os seus amigos eram ignorantes, diabólicos e interessados em usá-la.

Ela estava solitária.

E a lição óbvia, nesse ponto, vem diretamente de Ralph Waldo Emerson: "O único jeito de ter um amigo é ser amigo". E, eu acrescentaria: tentar ser menos insuportável.

Chanel apresentou em agosto de 1970 a que seria a sua última coleção. Estava com 87 anos. A minissaia tinha perdido o fôlego — cumprindo a sua previsão de que nenhuma mulher poderia andar pelo mundo durante muito tempo com 30cm de pernas de fora. Ela mostrou uma versão do que sempre havia mostrado: os conjuntos perfeitamente proporcionados, na altura do joelho, com casaquinhos bem talhados, curtos e compridos e uma blusa de seda combinada, e também um vestido de noite preto bordado com um lindo decote e voltas e mais voltas de pérolas.

## SOBRE VIVER A VIDA SEGUNDO SEUS PRÓPRIOS PADRÕES

Na véspera do Natal, muitas semanas antes da sua morte, o Chanel Nº19 foi lançado. Depois de tantos anos, Chanel se cansou de ter o perfume que todo mundo usava (ou seja, cansou-se de ter o perfume Chanel Nº5) e trabalhou durante um ano com Henri Robert, perfumista da Bourjois, para criar algo novo. Uma vez por semana ele aparecia na Rue Cambon com amostras, e uma vez por semana elas eram recusadas.

Com um nome alusivo ao dia em que quase noventa anos antes Chanel nascera num asilo em Saumur, o Nº19 foi qualificado ora de estranho, ora de sublime, ou então de elegante e também de confiante. É considerado "difícil" pelos padrões dos perfumes, com o gálbano[62] balsâmico verde quase brigando com a obscuridade da íris. O Nº19 é verde e pulverulento, com o gálbano e notas altas de limão; rosa-de-maio, jasmim e ilangue-ilangue no seu âmago, uma mistura quase masculina de vetiver, sândalo e musgo de carvalho na sua base.

O chanelore nos diz que na época do lançamento do Nº19, talvez na véspera do Natal, Chanel estava possivelmente jantando no Ritz quando estranhos pararam ao lado da sua mesa para perguntar o nome do seu perfume obsedante, com um cheiro maravilhoso, ou então ela estava na rua, no fim do dia, atravessando a Rue Cambon para entrar no Ritz, e um homem estendeu a mão e pousou-a no braço dela, e enquanto ela girou, determinada a lhe passar uma descompostura, ele sorriu e lhe perguntou: qual é a espantosa fragrância que a senhora está usando, *mademoiselle*?

※ ※ ※

---

[62] O gálbano — uma resina adesiva aromática que cresce nas montanhas do norte do Irã — é um ingrediente antigo. Nos tempos do Velho Testamento era usado no incenso para comunicar a ideia do pecador renitente, desobediente. Plínio, o Velho, o naturalista do século I, dizia que uma gota de gálbano matava uma serpente.

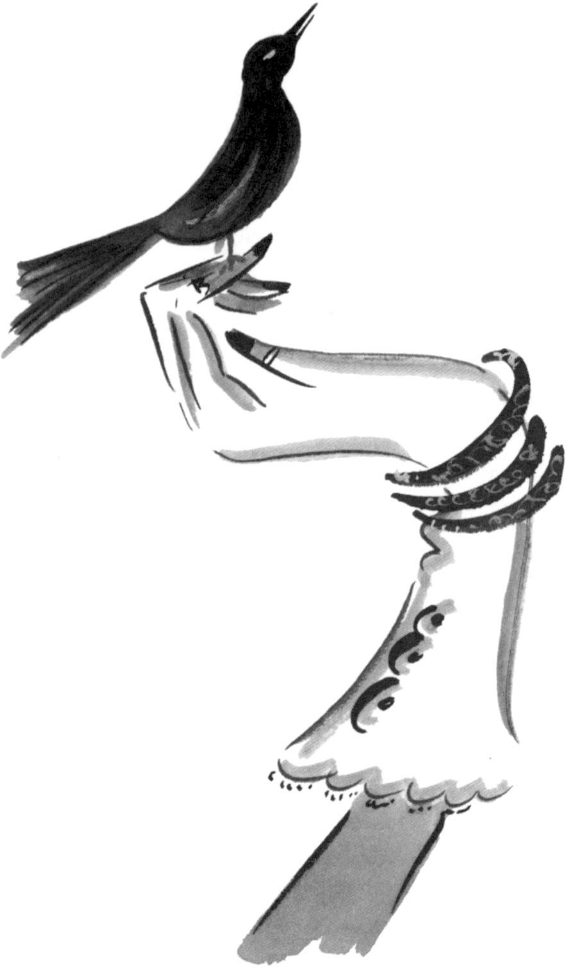

## 12

# SOBRE ELEGÂNCIA

O Evangelho de Coco Chanel

1.

No início era Coco, e Coco era moda, e Coco disse para a multidão: moda não é algo que existe apenas nos vestidos. A moda está no céu, está na rua; a moda se relaciona com as ideias, com o modo como vivemos, com o que está acontecendo. E as roupas que eram elegantes eram as roupas feitas por Coco, que é Chanel. Os cardigãs, com cinto e sem cinto, o vestido duas peças de noite, preto de jérsei, os vestidos de noite de filó de seda branca e renda chantilly preta, e em seda vermelha também, para serem usados com sapatos de seda vermelha e debrum dourado.

E o conjunto de tweed, espinha de peixe ou buclê, com bordas de jérsei e forro de seda acolchoado, com a blusa de seda combinada com o forro, uma saia que não é nem longa nem curta, mas perfeita aos olhos da elegância.

E por dentro das roupas feitas por Coco, que é Chanel, tudo é lindo, porque elegância significa que uma coisa é tão bonita do lado avesso quanto do direito, e luxuosa é uma roupa que é bonita abotoada ou desabotoada.

E então Coco, que é Chanel, disse que arte é imperfeição, que a desordem é o símbolo do luxo. Mas as roupas que saíam do palácio da Rue Cambon eram perfeitas aos olhos de todos os que tinham olhos para ver, e a multidão declarava que Coco era uma grande artista e ela dizia: vocês não entendem, eu sou uma pessoa que faz roupas.

2.

E as ricaças da cidade de Paris, algumas delas casadas com filisteus, algumas delas amantes dos poderosos, algumas delas filhas dos homens da indústria, achando que tinham entendido, desejavam ser vestidas por Coco e iam correndo para o palácio da Cambon e ela não as ia encontrar, e elas não entendiam nada, embora comprassem suas roupas até não haver mais nada. E declaravam-se na moda.

Mas Coco dizia que a moda passa, só o estilo permanece, e eu sou estilo.

Ela disse: estilo é elegância, e elegância não é pôr um vestido novo. Uma mulher elegante deve poder fazer o seu marketing sem provocar o riso das donas de casa, porque os que riem sempre estão certos. E as ricaças continuavam sem entender nada, o que não as impedia de comprar seus larguíssimos braceletes.

E Coco disse que elegância é recusa, e as ricaças não só da cidade que é Paris mas de todas as cidades do mundo, as próximas e as distantes, entenderam que isso significava levantar-se da mesa sem ter comido doces e recusar qualquer comida entre as refeições, para que sua barriga ficasse sempre chata.

E Coco disse que isso era bom, mas continuava não sendo o que ela queria dizer.

3.

Coco disse: quando eu falo de elegância estou falando de luxo. O luxo precisa ficar invisível, mas precisa ser percebido. O luxo é simples; é o oposto de complicação. O luxo é uma necessidade que começa onde a necessidade termina. Algumas pessoas acham que o luxo é o oposto da pobreza. Não é. É o oposto da vulgaridade. O luxo é o oposto do *status*. É a capacidade de ganhar a vida sendo você mesma. É a liberdade de recusar viver de acordo com o hábito. Luxo é liberdade. Luxo é elegância.

4.

E então os tempos modernos estavam se impondo a nós, e o luxo não se impunha mais a nós, de acordo com Coco, que é Chanel. As mulheres iam jantar vestindo calças sujas e camisa masculina. O luxo foi substituído pela sujeira. E Coco disse que a moda sempre é o reflexo do seu próprio tempo, mas nos esquecemos disso quando ela é insensível.

Contudo o conforto tem as suas formas. Uma saia é feita para liberar as pernas e uma cava é feita para liberar os braços, portanto arranque do seu corpo qualquer roupa que não lhe permita andar, correr ou erguer os braços, porque ela é deselegante.

E se um vestido tem a forma de uma bolha, um barril ou qualquer outra coisa que não se harmonize com o seu corpo, é preciso arrancá-lo do seu corpo.

E se o vestido é bem-feito mas faz lembrar um lençol, um guardanapo de linho ou uma lona que também pode ser usada para cobrir o carro estacionado na sua garagem, arranque-o do seu corpo.

E se você for usar calças com o cós tão baixo que podem fazê-la desenvolver a chamada "barriga pochete", arranque-as do seu corpo; e se você usa calças com o cós tão baixo que ao se sentar você mostra a parte superior das suas nádegas, é preciso arrancá-lo do seu corpo, porque eu achei isso feio, e feio pareceu a toda a multidão que passava atrás de você.

E se, ao abrir a porta do seu *closet*, você acha que suas roupas estão com um ar de cansadas e não têm nada de bom, lembre-se de que essa não é a hora nem a ocasião, e tampouco o lugar, para se permitir encher-se do espírito de criatividade ou cair em tentação.

Pois lembre-se: um lenço não é um bustiê, uma saia comprida não é um vestido, um vestido curto não é uma blusa e um short usado sobre malha é razão suficiente para expulsá-la para sempre do reino da elegância.

Pois a verdade de Coco, que é Chanel, verdade agora e no mundo que ainda virá, é que é melhor ter umas poucas peças elegantes em que a pessoa sempre se sente à vontade do que qualquer coisa que se pareça com as roupas da ex-Spice Girl que é Victoria.

5.

E Coco, que é Chanel, viveu até quase a idade de Abraão. Mas antes daquele domingo do primeiro mês, que é janeiro, ela subiu para o seu quartinho, que ficava no hotel que era o Ritz, um quartinho parecido com aquele que ela conheceu quando criança no orfanato que era Aubazine, e ela se deitou na cama usando o seu conjunto, com blusa e voltas de pérolas, e descalçou os sapatos rasos de dois tons e os colocou ao lado da cama, e então, sentindo que sua hora havia chegado, chamou um empregado e disse: "Morrer é assim", morrendo em seguida de modo tão elegante quanto viveu. Antes de isso acontecer ela havia dado uma entrevista à revista que naquele tempo se chamava *New Yorker* e até hoje se chama *New Yorker*, e declarado:

*Preciso lhe dizer uma coisa importante. A moda é sempre da época em que se vive. Não é uma coisa independente. Mas o grande problema, o problema mais importante, é rejuvenescer as mulheres. Fazer as mulheres parecerem jovens. Então elas veem a vida de modo diferente. Elas se sentem mais alegres.*

## SOBRE ELEGÂNCIA

As mulheres sempre foram as que são fortes no mundo. Os homens estão sempre procurando nelas um travesseirinho para nele encostar a cabeça. Os homens estão sempre ansiando pela mãe que os punha no colo quando eles eram bebês. As mulheres precisam sempre dizer aos homens que eles são os fortes. Eles são os grandes, os vigorosos, os maravilhosos. Na verdade as mulheres são as fortes. É o que eu penso. Não sou professora. Emito minhas opiniões mansamente. É são verdades para mim. Não sou jovem, mas me sinto jovem. No dia em que me sentir velha eu irei para a cama e lá ficarei. J´aime la vie! Acho que viver é uma coisa maravilhosa.

※ ※ ※

# AGRADECIMENTOS

Embora a maioria dos escritores se sinta empurrando sozinho sua pedra até o alto da montanha, é preciso muita gente para escrever um livro, e sempre foi assim.

Minha maior gratidão é por Hilary Black, elegante, compreensiva e infinitamente paciente, que esteve presente no início. Eileen Cope, do Trident Media Group, é uma brilhante agente literária cuja confiança em mim e no meu trabalho significa mais para mim do que ela jamais poderá imaginar. Pelo trabalho árduo, gosto excelente e bom humor, devo agradecimentos a Lara Asher, Jennifer Taber, Katie Sharp, Sheryl Kober, Bob Sembiante e Gary Krebs.

Faço um agradecimento especial extra a Chesley McLaren, talentosa estilista cujas ilustrações atrevidas e elegantes captaram o espírito de Chanel.

Também gostaria de declarar minha gratidão a Chelsea Cain, que demonstrou ser não só possível como até desejável usar Chanel com o jeans rasgado apropriado; a Alison Brower, que me apresentou à sua mãe, Ann Brower, uma das integrantes da Liga das Extraordinárias Manequins no período em que Chanel estava de volta à França; a Carol Ferris, por estudar os astros de Chanel e reafirmar o que todos nós sabíamos sobre essa leonina feroz; a Kathy Budas, parceira no crime e extraordinária companheira de viagem; a Marcelline Dormont, que sabe onde estão as boas coisas de Paris; a Liz Ozaist, que gentilmente me permitiu fazer uma pesquisa sobre Chanel enquanto trabalhava para ela na França; a Debra Ollivier, pela sua sabedoria no que diz respeito a tudo o que é francês; a Kim Dower, velha e querida amiga que me oferece bons conselhos; e também a Kim Witherspoon e David Forrer, da Inkwell Management, pelo seu gentil apoio ao longo dos anos.

❊ ❊ ❊

Também sou grata aos muitos autores que cuidadosamente e com extraordinária habilidade analisaram a vida e o trabalho de Coco Chanel. Os títulos que eu mais manuseei incluem: *Chanel Solitaire*, de Claude Baillen; *Chanel: Collections and Creations*, de Daniele Bott; *Chanel and Her World*, de Edmonde Charles-Roux; *Mademoiselle Chanel*, de Pierre Galante; *Coco Chanel: Her Life, Her Secrets*, de Marcel Haedrich; *Chanel: A Woman of Her Own*, de Axel Madsen; *L´Allure de Chanel*, de Paul Morand; *Chanel: Couturiere at Work*, de Claudia Schnurmann e Shelley Tobin; e *Chanel: Her Style and Life*, de Janet Wallach.

Outros livros que me ajudaram a entender a época em que Chanel viveu, amou e trabalhou incluem *Bendor: The Golden Duke of Westminster*, de Leslie Field; *Misia: The Life of Misia Sert*, de Arthur Gold e Robert Fizdale; *Them; A Memoir of Parents*, de Francine du Plessix Gray; *The Forgotten Generation: French Women Writers of the Inter-War Period*, de Jennifer E. Milligan; *A Life of Picasso: The Triumphant Years, 1917-1932*, de John Richardson; *Grande Horizontales: The Lives and Legends of Four Nineteenth-Century Courtesans*, de Virginia Rounding; *A Dash of Daring: Carmel Snow and Her Life in Fashion, Art and Letters*, de Penelope Rowlands; *Cocteau: A Biography*, de Frances Steegmuller; e *Paris Fashion: A Cultural History*, de Valerie Steele.

Agradeço muito às pessoas valiosas e generosas que me apresentaram à costura de Chanel, particularmente no Les Arts Décoratifs e no Musée de La Mode et du Textile, no Metropolitan Museum of Art, no Philadelphia Museum of Art, na Academy of Motion Picture Arts and Sciences, na madisonavenuecouture.com e na revista *Threads*. Judith Head, do Josephine's Dry Goods, e Marla Kazell, extraordinária costureira, merecem uma salva de palmas pela orientação e o bom gosto.

Um grande e sincero *merci beaucoup* americano a todos do Ritz Hotel.

❈ ❈ ❈

Finalmente, obrigada a Jerrod Allen e a Fiona Baker, por enriquecerem desmesuradamente a minha vida.